PUPPET

かぎ針で編む　パペットあみぐるみ

AMIGURUMI

日本文芸社

手編みならではのふっくら感が魅力のあみぐるみが

パペットになりました。

お部屋に飾ってももちろんかわいいけれど、

いちばんの魅力はいろいろなポーズがとれること。

ものを持ったり、踊ったり、人形劇をしたりと、

大人も子どもも夢中になる愛くるしさです。

愛嬌あるパペットと一緒に遊んだり、おでかけしたり……。

楽しい思い出のそばに、いつもパペットがありますように。

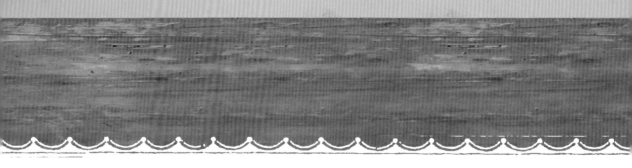

Contents

How To Make

ラブラドールレトリーバー
＆ チワワ

Design&making » Riri
How to make » p37
Yarn » ハマナカ わんぱくデニス

「朝だよ、起きて〜！」
眠そうなわんちゃんたちを起こすところから
1日がはじまります。
ラブラドールは耳を立てると
チワワになります。

フレンチブルドッグ

Design&making » Riri
How to make » p39
Yarn » ハマナカ わんぱくデニス

ケーキを勧めるフレブルちゃんと
おいしいおやつの時間です。
パペットだから、
ケーキを持つのもお手のもの！

楽しい1日を終えて、いっしょにおやすみなさい。
毛足の長いふわふわなトイプードルは、
ずっと抱っこしていたい心地よさ。

トイプードル

- - -
Design&making » Riri
How to make » p41
Yarn » ハマナカ メリノウールファー

おしゃれネコツインズ

Design&making » m a c a r o n i
How to make » p.44
Yarn » ［ペルシャネコ］ハマナカ メリノウールファー、
　　　（着せかえ服）ハマナカ アメリー
　　　［トラネコ］ハマナカ ソノモノ アルパカウール、
　　　（着せかえ服）ハマナカ アメリー

双子コーデの着せ替えが楽しいおしゃれネコたち。
ペルシャネコとトラネコは糸違い。
お出かけに連れて行って、いろんなところで写真を撮って！

クマ & ウサギ

Design&making » pommex
How to make » p.49
Yarn » [クマ]ハマナカ アメリー
　　　　[ウサギ]ハマナカ アメリー、
　　　　ハマナカ ソノモノ ヘアリー

お留守番の時間は、まったりお昼寝。
ウサギの耳は、毛足の長いモヘアで
編んでいるのでふんわりやわらかく、
くたっと感が出ます。

リス

Design&making » blanco
How to make » p.51
Yarn » ハマナカ アメリー、ハマナカ ソノモノ アルパカブークレ

お庭に遊びにきたリスくんにどんぐりでおもてなし。

くいしんぼうのリスくんの手には、

手編みのどんぐりがしっかりと握られています。

ペンギン

Design&making » 池上　舞
How to make » p.53
Yarn » ハマナカ アメリー

ペンギンくんとハイポーズ。
好きなポーズがとれるので、
お茶目なショットが決まるのも
パペットのいいところ。

ラッコ

Design&making » 池上　舞
How to make » p.53
Yarn » ハマナカ アメリー

カンカンカンカン！
ラッコは貝を叩き割っているようです。

オイスター

Design&making » 池上　舞
How to make » p.53
Yarn » ハマナカ アメリー

編みぐるみ界のレアキャラ、オイスターも登場。
頭のヒダがボンネットみたいでかわいい。

ジンベエザメ

Design&making » おの ゆうこ（ucono）
How to make » p.57
Yarn » ハマナカ アメリー

お口がパクパクできるジンベエザメは、
優しいお顔に仕上げました。
おままごとのお相手にもぴったりな彼は、
何回でも魚を食べてくれます。

赤を効かせた配色がかっこいい恐竜。
お口で物を咥えて運ぶのが得意みたい。
大きな体に小さな手足、
愛らしい挙動にも注目です。

恐竜

- - -

Design&making » おの ゆうこ (ucono)
How to make » p.60
Yarn » ハマナカ アメリー、
　　　　ハマナカ itoa あみぐるみが編みたくなる糸

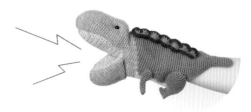

サボテン

Design&making » おの ゆうこ（ucono）
How to make » p.63
Yarn » ハマナカ アメリー、ハマナカ　ソノモノ ヘアリー

毎日ごきげんなサボテンは、
お部屋のインテリアにも。
モヘア糸で表現されたトゲが
まるで本物のよう。

甘くかわいいスイーツたちは
ミトン型のパペットに。
左右対称に編めば手袋にもなります。
ホイップやソフトクリームは
まるで本物みたい。

25

両手に肉球パペットをつけてネコになりきって。
大人の手でもすっぽり入るので、
仮装や記念撮影にもおすすめです。

肉球

Design&making » blanco
How to make » p.70
Yarn » ハマナカ ソノモノ アルパカウール、
　　　 ハマナカ エクシードウールFL《合太》

フィンガーパペット
― ウサギ&クマ&ネコ ―

– – –

Design&making » 楚坂有希
How to make » p.73
Yarn » ハマナカ アメリーエフ《合太》

まるであたらしくてチャーミングな指専用パペット。

親指と人差し指で遊びます。

小さなものをつかんだり、摘まんだり、

細かい作業が得意です。

お茶目な表情で、手元の撮影を盛り上げます。

How
To
Make

道具

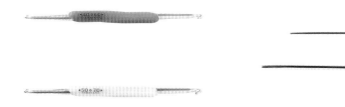

かぎ針

編む作品の指定の号数を使用します。2/0～10/号まであり、数字が大きくなるほど針が太くなります。「ハマナカアミアミ両かぎ針ラクラク（写真上・H250-510-4）、（写真下・H250-510-5）」は1本で2つの号数が使え、グリップ付きで持ちやすいです。

とじ針

先が丸く、縫い針よりも太い針。編み地をとじあわせるときや糸の始末に使用します。「ハマナカ毛糸とじ針3本セット（H250-724）」

材料

中わた

あみぐるみの中に詰める。ポリエステル製の抗菌防臭タイプの「ハマナカ ネオクリーンわたわた100g（H405-401）」が衛生的でおすすめです。

目のパーツ

「ハマナカ あみぐるみEYE」「ハマナカ 山高ボタン」を使用しています。直径の長さによって目の大きさが変わります。

鼻のパーツ

「ハマナカ ドッグノーズ（鼻）」を使用しています。リアル仕上げたいときにおすすめです。

使用する糸

この本では、すべてハマナカの糸を使用しています。使用する糸の太さによって、作品の仕上がりサイズが変わります。合太～並太のほか、毛足が長めのファーヤーン（ハマナカ メリノウールファー）も使用しています。

※製品の情報は2024年6月現在のものです

ハマナカ アメリー

ハマナカ メリノウールファー

Point Lesson

■ わの作り目

1 左手の人差し指に2回糸を巻きつけ、巻きつけた糸を一度右手で持つ。

2 左手で2重の輪になった状態で持ち直し、わにかぎ針を入れ、糸をかけて引き抜く。

3 2で引き抜いたところに、さらに立ち上がりの鎖1目を編み、さらに細編み1目を編む。

4 写真左側は細編みが6目編めたところ。編みはじめの糸を引っ張って引き絞る。

糸を引く

■ 鎖をわにする

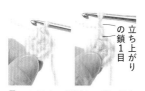   

立ち上がりの鎖1目

上半目

5 1目めの細編みの頭に引き抜き編みをして1段めが完成。立ち上がりの鎖1目を編み、2段めに進む。

1 鎖の編みはじめ側を、編みはじめが右になるように持ち、鎖の表側から上半目と裏山に針を入れる。

2 かぎ針に糸をかけて、矢印のように糸を引き出す。

3 鎖がわになったところ。立ち上がりの鎖1目を編み、2段めに進む。

■ 鎖から楕円を編む

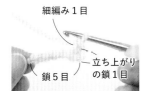 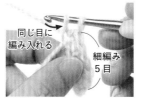  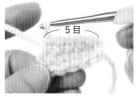

細編み1目

立ち上がりの鎖1目

鎖5目

同じ目に編み入れる

細編み5目

5目

1 鎖を5目編み、立ち上がりの鎖1目と細編みを1目編む。

2 鎖の裏山を拾い全部で5目細編みを編んだら、最後の目にもう1目細編みを編み入れる。

3 編みはじめの鎖を拾って細編みを編む。

4 5目細編みが編めたところ。

■ チークの入れ方

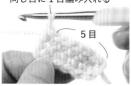   

同じ目に1目編み入れる

5目

5 4と同じ目にもう1目細編みを編み入れる。

6 細編みの最初の目（1）の頭に引き抜き編みをする。1段めが編めた。

1 お好みのカラーの人間用のチークを用意します。

2 少量を化粧筆にとり、少しずつ色を乗せる。p.10のおしゃれネコのように、耳の中を塗ってもかわいく仕上がる。

■ 本体と手の編みつなぎ方

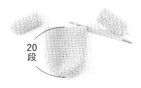

1 手のパーツを2本編み、本体は20段めまで編んで糸を休ませておく。

2 巻きはぎで手を本体の指定位置に2目とじつける。

3 もう片方も同様にとじつける。写真は両手がついたところ。

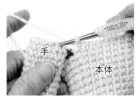

4 1で休ませておいた糸を編み進める。手のところまできたら本体から続けて手からも拾い目をして細編みを編む。

■ 頭とボディの組み立て方

5 手の周囲も拾って本体と手をつないだところ。

1 頭に中わたを詰める。側面に貼りつけるように詰め、胴体が入る中央部分はあけておく。

2 本体に頭をかぶせる。

3 とじ針で指定位置に頭をとじつける。とじながら少しずつ中わたを詰め、頭の形を整えるときれいな形になる。

■ 頭の仕上げ方

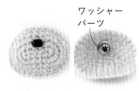

1 マズルに「ドッグノーズ」をつける。裏面はワッシャーパーツで固定する。

2 指定位置にマズルを置き、少しずつわたを詰めながらとじ付ける。

3 指定位置に耳をとじつける。[たれ耳の場合]糸を引きすぎると耳が立ち上がってしまうので注意。

4 マズルと耳がついたところ。

5 とじ針で目を縫いつける。目をくぼませる指示のある作品は、糸を少し引いて顔に凹凸感を出す。

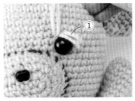

6 2本どりでまぶたの刺しゅうをする。糸がよじれないようにゆっくりと糸を引く。

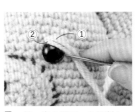

7 外→内の順で、2目刺しゅうをして、糸の始末をする。

8 目の刺しゅうができたところ。

33

おしゃれネコツインズの編み方 How to make » p.44

How to make » p.44

※写真はわかりやすいように一部、糸の色を変えて解説しています

■ モチーフバッグの編み方

向こう側半目

鎖3目

1 1段め(花芯)と2段め(花びら)が編めたら、向こう側半目を拾って鎖3目の立ち上がりを編む。

2 長編みのすじ編みを編んだら、そのまま鎖を3目編み、長編みのすじ編みを編んだ目に長編みのすじ編みを2目編む。

3 3段めが編めたところ。同じモチーフを2枚編む。

4 2枚のモチーフを外表に合わせ、縁編みではぐ。ショルダー部分(写真内では水色)の鎖を編み、編み終わりを縁編みの始めの目に引き抜く。

■ ワッフル編みの編み方

`長編みの表引き上げ編み`

1 長編みと同じ要領で針に糸をかける。

2 1段下の目に表から針を入れる。

3 糸を引き出し、長編みと同要領で編む。

4 表引き上げ編みが編めたところ。

`長編みの裏引き上げ編み`

5 長編みと同じ要領で針に糸をかける。

6 1段下の目に裏から針を入れる。

7 糸を引き出し、長編みと同要領で編む。

8 裏引き上げ編みが編めた(写真左)。表引き上げ編み1目と裏引き上げ編み2目を繰り返すことでワッフル模様ができる。

ジンベエサメの編み方 How to make » p.57

How to make » p.57

上あご

下あご

1 本体を編み、上あごと下あごの外側の半目を拾って、巻きかがりでとじる。

2 とじた終えたところ。

3 口の中のパーツを編み、2の上にとじつける。

4 サメの口の中ができたところ。

サボテンの編み方 How to make » p.63

■ 変わり長編みの表引き上げ編みの右上交差

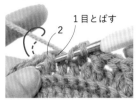

1 かぎ針編みに糸をかけ、1段下の目を1目とばして2目めの長編みに表から針を入れ、針先に糸をかけ、矢印のように引き抜く。

2 引き抜いたところ。

3 続けて長編みを編む。

4 斜めになった長編みの表引き上げ編みが編めた。

5 1で飛ばした1段下の目に表から針を入れ、矢印のように針に糸をかけて引き抜く。

6 糸を引き出したところ。針先に糸をかけて矢印のように引き抜く。

7 続けて長編みを編む。

8 変わり長編みの表引き上げ編みの右上交差が編めた。

■ 糸を編みくるむ編み込み

1 配色を変える1目前の細編みを編み糸を引き出したところまで本体の色（緑）で編み、奥に配色糸を置く。

2 配色糸を針先にかけて引き抜く。

3 配色前の細編みが編め、配色糸（ソノモノヘアリー2本どり）がついたところ。

4 1と同様に配色糸で細編みを編み糸を引き出したところまで編み、最後の引き抜きは本体の緑に替えて編む。

5 配色糸で1目編めた状態。かぎ針にかかっているのは本体色。

6 次の配色位置までは配色糸を本体色で編みくるみながら編み進める。

■ 枝のつけ方

1 本体と枝をつき合わせにし、枝の頭の目を2本を拾いながら巻きかがっていく。

2 枝がついたところ。

ケーキとクリームソーダの編み方 How to make » p.65、68

■ 親指用のスリットの編み方（ケーキ・クリームソーダ）

1 指定位置まで細編みを編んだら、鎖編みを9目編み、前段の9目分を飛ばして10目めに細編みを編む。

2 次の段で1の鎖の裏山を拾って細編みを編む。

3 スリットが編めたところ。

■ ねじり細編みの編み方（クリームソーダ）

1 前段の頭に針を入れて糸を長めに引き出す。針には糸が2本かかった状態。

2 かぎ針を反時計回りに1周ねじる。

3 糸がねじれた状態。矢印のように糸をかけて引き抜く。

4 ねじり細編みが1目編めたところ。

■ パプコーン編みの編み方（ケーキ）

1 1つの目に長編みを5目編み込み、かぎ針を抜き、矢印で示した1目めの長編みの頭に針を入れる。

2 5目めの糸に針をかけ、引く抜く。

3 玉状になる。

4 針に糸をかけ、鎖編みを編んで、パプコーン編みの完成。

■ イチゴソースの編み方（ケーキ）

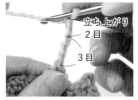

1 長編みを2目編み入れる。

2 続けて鎖編みを3目編み、さらに立ち上がりの鎖を2目を編む。

3 編みだした鎖の裏山を拾って中長編みを3目編む。

4 1で長編みを2目編み入れた目に、長編みを2目編み入れる。

ラブラドール
レトリーバー
チワワ

[手]　ラブラドールレトリーバー　　白茶　2枚
　　　チワワ　　　　　　　　　　ベージュ 2枚
　　　フレンチブルドッグ　　　　白　　2枚

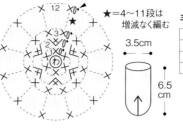

★＝4～11段は
増減なく編む

3.5cm

6.5
cm

手の目数表

段数	目数	増減目数
3～12	12	
2	12	+6
1	6	

材料

糸＝ [ラブラドールレトリーバー]
　　ハマカ わんぱくデニス　白茶 (51)…70 g
　　[チワワ] ハマカ わんぱくデニス　ベージュ (31)…70 g

針＝ かぎ針5/0号

その他＝ 山高ボタン (ブラック) 13.5mm　1組、
　　　　ドッグノーズ (ブラック) 10mm　1組、
　　　　ハマカ ネオクリーンわたわた　適宜

作り方

1．各パーツを編む。

2．本体は20段まで編んだら手をとじつけ、頭と手から目を拾い、
　　続けて胴体を編む。

3．頭に中わたを入れ (p.33参照)、立ち上がりの目が後ろ中心に
　　来るように本体にかぶせ、1目ずつ巻きはぎでとじる。

4．鼻をつけたマズル、耳、目を
　　指定位置につけ、足としっぽを
　　とじ縫いつけて仕上げる。

本体の編み方

頭部内側を20段まで編んだら糸を
休め、手を指定位置にとじつけて
合わせ、続けて胴体を編む
(p.33参照)

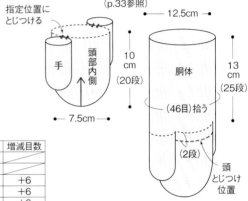

指定位置に
とじつける

手

頭部
内側

(46目) 拾う

12.5cm

胴体

10
cm
(20段)

13
cm
(25段)

7.5cm

(2段)

頭
とじつけ
位置

本体の目数表

	段数	目数	増減目数
胴体 ——	1～25	46	
頭部内側 ——	6～20	30	
	5	30	+6
	4	24	+6
	3	18	+6
	2	12	+6
	1	6	

[本体]

ラブラドールレトリーバー　　白茶　　1枚
チワワ　　　　　　　　　　　ベージュ 1枚
フレンチブルドッグ　　　　　白　　　1枚

[しっぽ]

ラブラドールレトリーバー　　白茶　　1枚
チワワ　　　　　　　　　　　ベージュ 1枚

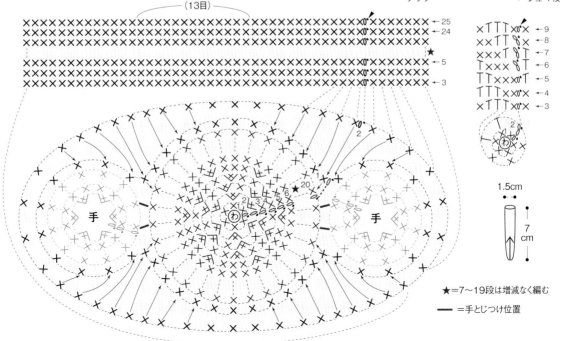

(13目)

←25
←24

★　←5

←3

2

手

20

手

9
8
7
6
5
4
3

2

1.5cm

7
cm

★＝7～19段は増減なく編む

—— ＝手とじつけ位置

37

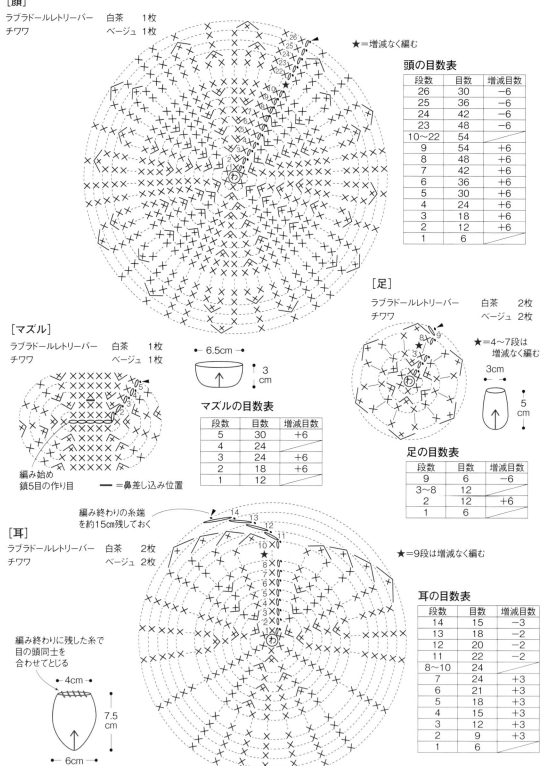

[顔]
ラブラドールレトリーバー　白茶　1枚
チワワ　　　　　　　　　ベージュ 1枚

★＝増減なく編む

頭の目数表

段数	目数	増減目数
26	30	−6
25	36	−6
24	42	−6
23	48	−6
10〜22	54	
9	54	+6
8	48	+6
7	42	+6
6	36	+6
5	30	+6
4	24	+6
3	18	+6
2	12	+6
1	6	

[マズル]
ラブラドールレトリーバー　白茶　1枚
チワワ　　　　　　　　　ベージュ 1枚

編み始め
鎖5目の作り目　　━＝鼻差し込み位置

← 6.5cm →

3cm

マズルの目数表

段数	目数	増減目数
5	30	+6
4	24	
3	24	+6
2	18	+6
1	12	

[足]
ラブラドールレトリーバー　白茶　2枚
チワワ　　　　　　　　　ベージュ 2枚

★＝4〜7段は
増減なく編む

3cm

5cm

足の目数表

段数	目数	増減目数
9	6	−6
3〜8	12	
2	12	+6
1	6	

編み終わりの糸端
を約15cm残しておく

[耳]
ラブラドールレトリーバー　白茶　2枚
チワワ　　　　　　　　　ベージュ 2枚

★＝9段は増減なく編む

編み終わりに残した糸で
目の頭同士を
合わせてとじる

← 4cm →

7.5cm

← 6cm →

耳の目数表

段数	目数	増減目数
14	15	−3
13	18	−2
12	20	−2
11	22	−2
8〜10	24	
7	24	+3
6	21	+3
5	18	+3
4	15	+3
3	12	+3
2	9	+3
1	6	

まとめ方

ラブラドールレトリーバー（白茶）
チワワ（ベージュ）

※ラブラドールレトリーバーは
耳をたれ耳になるように
つけて仕上げる

※マズル、目、目の刺しゅう、鼻、
耳のつけ方はp.33参照

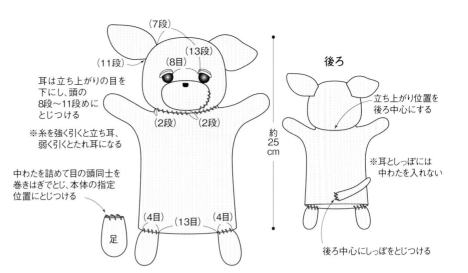

（7段）

（11段）　（13段）
　　　（8目）

耳は立ち上がりの目を
下にし、頭の
8段〜11段めに
とじつける

（2段）　　（2段）

※糸を強く引くと立ち耳、
弱く引くとたれ耳になる

中わたを詰めて目の頭同士を
巻きはぎでとじ、本体の指定
位置にとじつける

足

（4目）　（13目）　（4目）

約25cm

後ろ

立ち上がり位置を
後ろ中心にする

※耳としっぽには
中わたを入れない

後ろ中心にしっぽをとじつける

Photo » p.7　　Point Lesson » p.33

フレンチブルドッグ

材料

糸 » ハマナカ わんぱくデニス　白（1）…70g、黒（17）…25g

針 » かぎ針5/0号

その他 » 山高ボタン　18mm　1組、
　　　　ドッグノーズ　10mm　1組、
　　　　ハマナカ ネオクリーンわたわた　適宜

作り方

1. 各パーツを編む。
2. 本体を20段まで編んだら、手をとじつけ、頭と手から
　 目を拾い、続けて胴体を編む。
3. 頭に中わたを入れ（p.33参照）、立ち上がりの目が後ろ中心に
　 来るように本体にかぶせ、1目ずつ巻きはぎでとじる。
4. 模様、鼻をつけたマズル、耳、目を指定位置にとじつけ、
　 足をとじつけて仕上げる。

［マズル］フレンチブルドッグ　白　1枚

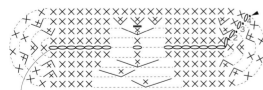

編み始め 鎖15目の作り目　　　　　　▬＝鼻差し込み位置

マズルの目数表

段数	目数	増減目数
4	45	−1
3	46	+8
2	38	+6
1	32	

9cm

6cm

［耳］フレンチブルドッグ　黒　2枚

★＝9段は増減なく編む

━━＝黒
━━＝白

耳の目数表

段数	目数	増減目数
15	14	−1
14	15	−3
13	18	−2
12	20	−2
11	22	−2
8〜10	24	
7	24	+3
6	21	+3
5	18	+3
4	15	+3
3	12	+3
2	9	+3
1	6	

編み終わりに残した糸で
目の頭同士を
合わせてとじる

3cm

8.5cm

7cm

39

まとめ方
フレンチブルドッグ

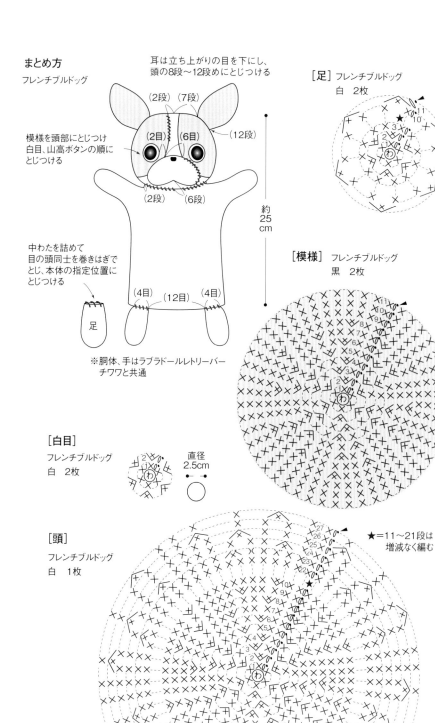

耳は立ち上がりの目を下にし、頭の8段～12段めにとじつける

(2段) (7段)

(2目) (6目)

(12段)

模様を頭部にとじつけ
白目、山高ボタンの順に
とじつける

(2段) (6段)

中わたを詰めて
目の頭同士を巻きはぎで
とじ、本体の指定位置に
とじつける

足

約25cm

(4目) (12段) (4目)

※胴体、手はラブラドールレトリーバー
チワワと共通

[足] フレンチブルドッグ
白 2枚

3cm

6cm

足の目数表

段数	目数	増減目数
11	6	−6
3～10	12	
2	12	+6
1	6	

[模様] フレンチブルドッグ
黒 2枚

★＝11～21段は
増減なく編む

5.5cm

模様の目数表

段数	目数	増減目数
9～11	48	
8	48	+6
7	42	+6
6	36	+6
5	30	+6
4	24	+6
3	18	+6
2	12	+6
1	6	

[白目]
フレンチブルドッグ
白 2枚

直径2.5cm

[頭]
フレンチブルドッグ
白 1枚

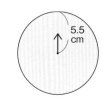

12cm

10cm
（27段）

頭の目数表

段数	目数	増減目数
27	30	−6
26	36	−6
25	42	−6
24	48	−6
23	54	−6
11～22	60	
10	60	+6
9	54	+6
8	48	+6
7	42	+6
6	36	+6
5	30	+6
4	24	+6
3	18	+6
2	12	+6
1	6	

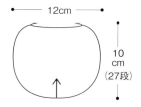

プードル（パピーカット）
プードル（テディベアカット）

パピーカット　テディベアカット

材料

糸・［プードル（パピーカット）］
　　ハマナカ メリノウールファー キャメル（2）…70g
　　［プードル（テディベアカット）］
　　ハマナカ メリノウールファー アプリコット（3）…70g

針・かぎ針7/0号

その他・山高ボタン（ブラック）13.5mm　1組、
　　　　あみぐるみノーズ（ブラック）12mm　1組、
　　　　ハマナカ ネオクリーンわたわた　適宜

作り方

1．各パーツを編む。

2．本体は5段まで編んだら、手をとじつけ、頭と手から目を拾い、
　　続けて胴体を編む。

3．頭に中わたを入れ（p.33参照）、立ち上がりの目が後ろ中心に
　　来るように本体にかぶせ、1目ずつ巻きはぎでとじる。

4．鼻をつけたマズル、目を指定位置につけ、耳はプードル（パピーカット）
　　はそのまま、プードル（テディベアカット）は中わたを詰めてとじつける。
　　足としっぽをとじつけて仕上げる。

[本体] プードル（パピーカット）　　キャメル　1枚
　　　　プードル（テディベアカット）　アプリコット　1枚

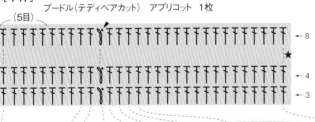

（5目）

← 8
★
← 4
← 3

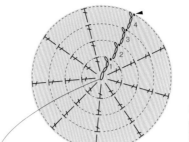

編み始め 鎖1目の作り目
※作り目に長編みを8目
編み入れる

4cm
7cm

手の目数表

段数	目数
1〜4	9

本体の編み方

頭部内側を5段まで編んだら
糸を休め、手を指定位置に
とじつけて合わせ、続けて胴体を編む
（p.33参照）

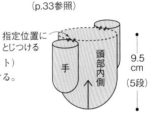

指定位置に
とじつける

手　頭部内側

9.5cm
（5段）

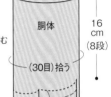

12.5cm

胴体

16cm
（8段）

（30目）拾う

（1段）

頭とじつけ位置

本体の目数表

	段数	目数	増減目数
胴体	1〜8	30	
頭部内側	3〜5	18	
	2	18	+9
	1	9	

編み始め 鎖1目の作り目
※作り目に長編み8目を編み入れる

★=増減なく編む
ー=手とじつけ位置

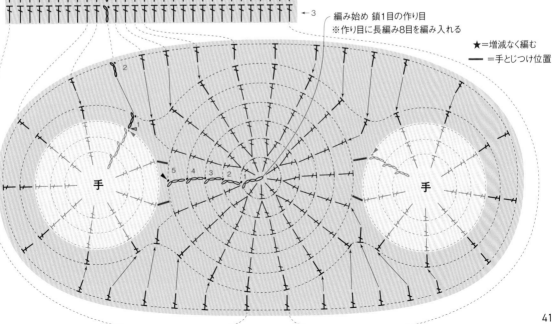

手　　手

41

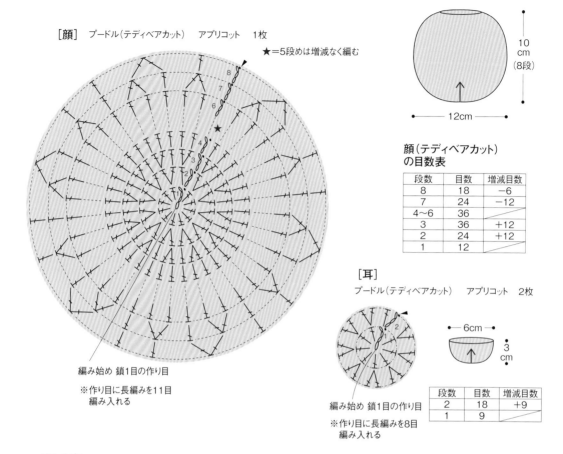

[顔] プードル(テディベアカット) アプリコット 1枚

★=5段めは増減なく編む

編み始め 鎖1目の作り目

※作り目に長編みを11目
編み入れる

10 cm (8段)

12cm

顔(テディベアカット)の目数表

段数	目数	増減目数
8	18	−6
7	24	−12
4〜6	36	
3	36	+12
2	24	+12
1	12	

[耳]
プードル(テディベアカット) アプリコット 2枚

編み始め 鎖1目の作り目

※作り目に長編みを8目
編み入れる

6cm

3 cm

段数	目数	増減目数
2	18	+9
1	9	

まとめ方

プードル(テディベアカット)

プードル(パピーカット)

後ろ

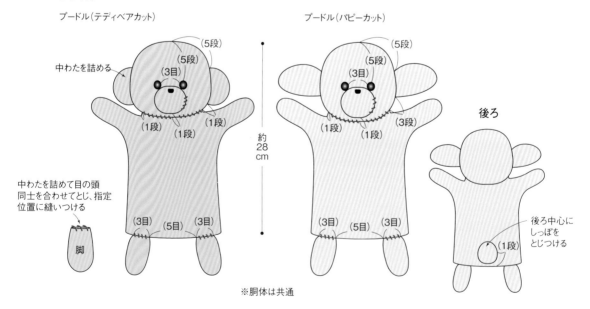

中わたを詰める

中わたを詰めて目の頭
同士を合わせてとじ、指定
位置に縫いつける

脚

(5段)
(5段)
(3目)
(1段)
(1段)
(1段)

(3目)
(5目)
(3目)

約28cm

(5段)
(5段)
(3目)
(1段)
(1段)
(3段)

(3目)
(5目)
(3目)

後ろ中心に
しっぽを
とじつける

(1段)

※胴体は共通

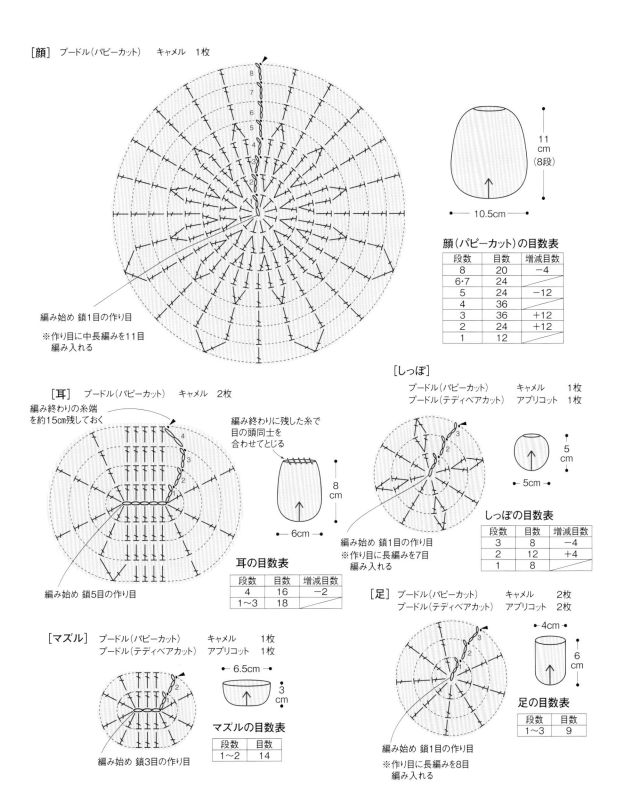

[顔] プードル（パピーカット）　キャメル　1枚

編み始め　鎖1目の作り目

※作り目に中長編みを11目
　編み入れる

11
cm
（8段）

10.5cm

顔（パピーカット）の目数表

段数	目数	増減目数
8	20	−4
6・7	24	
5	24	−12
4	36	
3	36	+12
2	24	+12
1	12	

[耳] プードル（パピーカット）　キャメル　2枚

編み終わりの糸端
を約15cm残しておく

編み始め　鎖5目の作り目

編み終わりに残した糸で
目の頭同士を
合わせてとじる

8
cm

6cm

耳の目数表

段数	目数	増減目数
4	16	−2
1〜3	18	

[しっぽ]
プードル（パピーカット）　　　キャメル　　1枚
プードル（テディベアカット）　アプリコット　1枚

編み始め　鎖1目の作り目
※作り目に長編みを7目
　編み入れる

5
cm

5cm

しっぽの目数表

段数	目数	増減目数
3	8	−4
2	12	+4
1	8	

[足]　プードル（パピーカット）　　　キャメル　　2枚
　　　プードル（テディベアカット）　アプリコット　2枚

編み始め　鎖1目の作り目
※作り目に長編みを8目
　編み入れる

4cm

6
cm

足の目数表

段数	目数
1〜3	9

[マズル]　プードル（パピーカット）　　　キャメル　　1枚
　　　　　プードル（テディベアカット）　アプリコット　1枚

編み始め　鎖3目の作り目

6.5cm

3
cm

マズルの目数表

段数	目数
1〜2	14

ペルシャネコ　　トラネコ

おしゃれ ネコツインズ

材料

糸 » [ペルシャネコ]
　　ハマナカ メリノウールファー　白（1）…90g、
　　ハマナカ アメリー コーラル（27）、うす茶（8）…各少々
　　[トラネコ]
　　ハマナカ ソノモノ アルパカウール
　　ベージュ（550）…70g、茶系ミックス（47）…14g、
　　白（41）…10g
　　ハマナカ アメリー コーラル（27）、きなり（20）…各少々
針 » [ペルシャネコ]かぎ針7/0号
　　[トラネコ]かぎ針8/0号
その他 [ペルシャネコ]ハマナカ キャッツアイ
　　（ブルーパール）　9mm
　　[トラネコ]ハマナカ キャッツアイ
　　（ゴールド）　9mm
　　ハマナカ ネオクリーンわたわた　各適宜
ゲージ [ペルシャネコ][トラネコ]13目×6.5段（10cm×10cm）

作り方　A・B共通

1. 胴体、頭、しっぽ、マズルを1枚、耳、手を各2本
　　編む。
2. 頭に胴体を入れ、中わたは後ろ側を厚めに詰めて
　　形を整え、頭と胴体を巻きはぎでとじる。
3. 手を胴体に巻きはぎでとじつける。足、しっぽは
　　中わたをつめて胴体に巻きはぎでとじつける。
4. マズルは中わたを詰め、耳は半分に折って巻きはぎで
　　頭にとじつける。
5. 顔を図を参照してまとめ、チークをつけて仕上げる。
　　Bは頭にストレートステッチで縞模様を刺す。

[胴体]　A＝白　B＝ベージュ

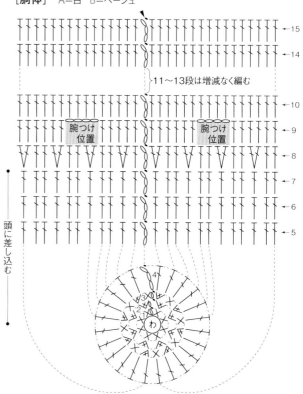

11～13段は増減なく編む

腕つけ位置

腕つけ位置

頭に差し込む

胴体の目数表

段数	目数	増し目数
9～15	32	
8	32	＋8
4～7	24	
3	24	＋8
2	16	＋8
1	8	

[しっぽ]
A＝白　B＝配色表参照・X…茶系ミックス

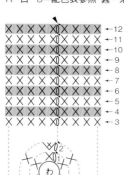

Bの配色表

段数	配色
12	茶系ミックス
11	ベージュ
10	茶系ミックス
9	ベージュ
8	茶系ミックス
7	ベージュ
6	茶系ミックス
5	ベージュ
4	茶系ミックス
1～3	ベージュ

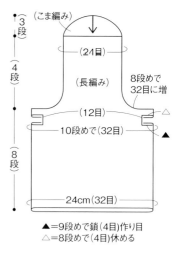

（こま編み）
3段

（24目）

（長編み）

8段めで
32目に増

4段

（12目）

10段めで（32目）

8段

24cm（32目）

▲＝9段めで鎖（4目）作り目
△＝8段めで（4目）休める

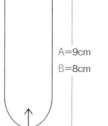

A＝9cm
B＝8cm

しっぽの目数表

段数	目数	増し目数
3～12	9	
2	9	＋3
1	6	

[頭]　A=白　B=╳…ベージュ、╳…茶系ミックス

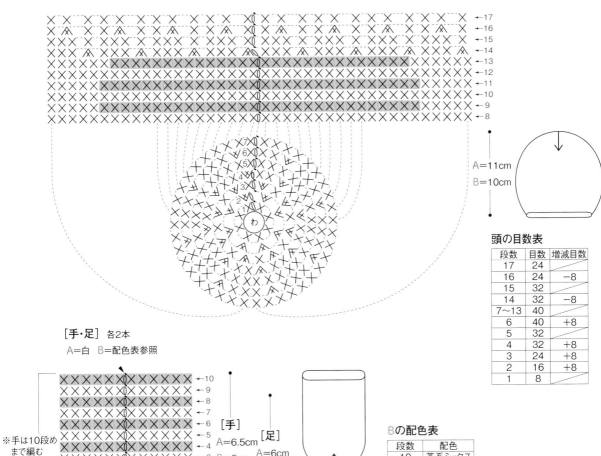

A=11cm
B=10cm

頭の目数表

段数	目数	増減目数
17	24	
16	24	−8
15	32	
14	32	−8
7〜13	40	
6	40	+8
5	32	
4	32	+8
3	24	+8
2	16	+8
1	8	

[手・足]　各2本
A=白　B=配色表参照

※手は10段め
まで編む
※足は8段め
まで編む

[手]
A=6.5cm
B=6cm

[足]
A=6cm
B=5.5cm

Bの配色表

段数	配色
10	茶系ミックス
9	ベージュ
8	茶系ミックス
7	ベージュ
6	茶系ミックス
5	ベージュ
4	茶系ミックス
1〜3	白

手・足の目数表

段数	目数	増し目数
3〜10	12	
2	12	+6
1	6	

[マズル]
A=白　B=白

A=2.4cm
B=2cm

←A=4cm→
B=3.5cm

マズルの目数表

段数	目数	増し目数
3	15	+6
2	9	+3
1	6	

[耳]　2枚
A=白　B=ベージュ

3
cm

←4cm→

耳の目数表

段数	目数	増し目数
4	12	+3
3	9	+3
1〜2	6	

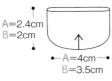
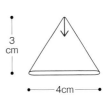

まとめ方

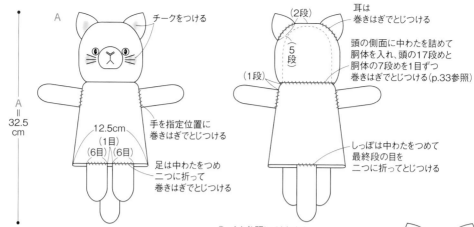

A
チークをつける

耳は
巻きはぎでとじつける

(2段)

(5段)

(1段)

頭の側面に中わたを詰めて
胴体を入れ、頭の17段めと
胴体の7段めを1目ずつ
巻きはぎでとじつける(p.33参照)

A＝32.5cm

12.5cm
(1目)
(6目)(6目)

手を指定位置に
巻きはぎでとじつける

足は中わたをつめ
二つに折って
巻きはぎでとじつける

しっぽは中わたをつめて
最終段の目を
二つに折ってとじつける

B　Aを参照してまとめる

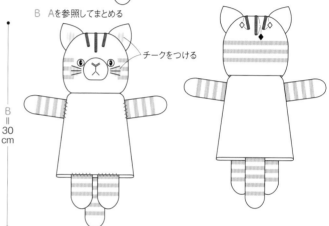

チークをつける

Bは頭の前側、後ろ側に渡して
ストレートステッチ
茶系ミックス(2本どり)

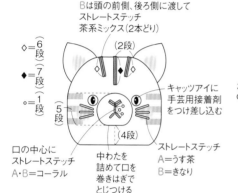

◇＝6段目
◆＝7段目
○＝1段目

(2段)

(5段)

(4段)

キャッツアイに
手芸用接着剤
をつけ差し込む

口の中心に
ストレートステッチ
A・B＝コーラル

中わたを
詰めて口を
巻きはぎで
とじつける

ストレートステッチ
A＝うす茶
B＝きなり

B＝30cm

材料

糸…ハマナカ アメリー

[ベレー帽] A こげ茶(9)…5g
　　　　　 B 狐色(41)…5g

[マフラー] A 水色(29)…13g、こげ茶(9)…2g
　　　　　 B コーラル(27)…13g、きなり(20)…2g

[ミトン] A こげ茶(9)…5g
　　　　 B 狐色(41)…5g

[ポシェット] A こげ茶(9)…2g、水色(29)・
　　　　　　　 うす茶(8)…各1g
　　　　　　 B 狐色(41)…2g、コーラル(27)・
　　　　　　　 きなり(20)…各1g

[トップス] A うす茶(8)…13g
　　　　　 B きなり(20)…13g

針…かぎ針6/0号
ゲージ…トップス　模様編み16目、10段
サイズ…図参照

作り方

記号図を参照して編む

ベレー帽

ミトン　　マフラー

トップス　ポシェット

[ポシェット]
※まとめ方はp.34参照

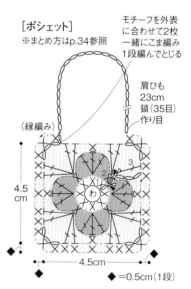

モチーフを外表
に合わせて2枚
一緒にこま編み
1段編んでとじる

(縁編み)

肩ひも
23cm
鎖(35目)
作り目

4.5cm

4.5cm

◆＝0.5cm(1段)

配色表

	A	B
3	狐色	こげ茶
2	コーラル	水色
1	きなり	うす茶
縁編み ひも	狐色	こげ茶

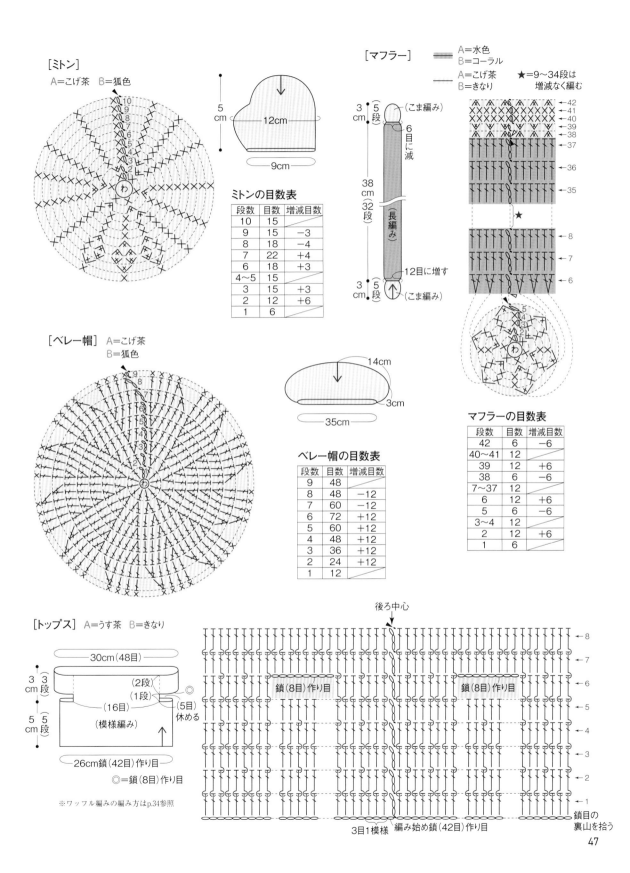

[ミトン]
A=こげ茶　B=狐色

5cm
12cm
9cm

ミトンの目数表

段数	目数	増減目数
10	15	
9	15	−3
8	18	−4
7	22	+4
6	18	+3
4〜5	15	
3	15	+3
2	12	+6
1	6	

[マフラー]

A=水色　　　A=こげ茶
B=コーラル　B=きなり

★=9〜34段は
増減なく編む

3cm（5段）（こま編み）
6目に減
38cm（32段）
（長編み）
12目に増す
3cm（5段）（こま編み）

マフラーの目数表

段数	目数	増減目数
42	6	−6
40〜41	12	
39	12	+6
38	6	−6
7〜37	12	
6	12	+6
5	6	−6
3〜4	12	
2	12	+6
1	6	

[ベレー帽]　A=こげ茶
B=狐色

14cm
3cm
35cm

ベレー帽の目数表

段数	目数	増減目数
9	48	
8	48	−12
7	60	−12
6	72	+12
5	60	+12
4	48	+12
3	36	+12
2	24	+12
1	12	

[トップス]　A=うす茶　B=きなり

30cm（48目）
3cm（3段）
（2段）
（1段）
（16目）
（模様編み）
（5目）休める
5cm（5段）
26cm鎖（42目）作り目
◎=鎖（8目）作り目

※ワッフル編みの編み方はp.34参照

後ろ中心
鎖（8目）作り目
鎖（8目）作り目
3目1模様　編み始め鎖（42目）作り目
鎖目の裏山を拾う

クマ
ウサギ

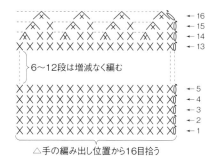

[手] クマ＝灰茶
ウサギ＝きなり

6〜12段は増減なく編む

△手の編み出し位置から16目拾う

縫い絞る

7cm

(16目)
拾う

材料

糸 [クマ]
　ハマナカ アメリー　灰茶(40)…67g、
　きなり(20)…3g、こげ茶(9)…少々
　[ウサギ]
　ハマナカ アメリー　きなり(20)…70g、
　ピンクベージュ(28)…少々
　ハマナカ ソノモノ ヘアリー　白(121)…少々

針 ・かぎ針6/0号

その他 ・山高ボタン9mm　各1組
　　　　ハマナカ ネオクリーンわたわた　適宜

作り方

1. 各パーツを編んでまとめておく。
　胴体は手の編み出し口を作って編み進み、
　編み終わりは巻きはぎでとじ、手の編み出し口から拾い目
　をして編み、編み終わりは縫い絞る。
　足、耳を各2枚編み、足は中わたを詰めてから
　編み終わりを巻きはぎでとじる。
　頭、しっぽ、マズルを編み、しっぽは共糸をつめて
　編み終わりを外側半目拾って絞る

2. マズルは、中わたを詰めながら、外側半目の巻きはぎ、
　耳は巻きはぎで頭にとじつける。頭の内側の側面に中わたを
　貼りつけるように詰め、胴体を差し込み(p.33参照)、中わた
　を少しずつ詰めながら形を整え、首周りを巻きはぎでとじる。

3. マズルに刺しゅうをし、目のボタンをつける。

[胴体]

クマ＝灰茶
ウサギ＝きなり

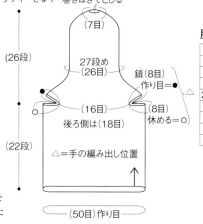

編み終わりは二つ折りにして
巻きはぎでとじる

(7目)

(26段)

27段め
(26目)

鎖(8目)
作り目＝●

(16目)

(8目)
休める＝○

後ろ側は(18目)

(22段)

△＝手の編み出し位置

(50目)作り目

胴体の目数表

段数	目数	減目数
48	7	−7
47	14	−6
46	20	−6
28〜45	26	
27	26	−8
26	34	−8
25	42	−8
1〜24	50	

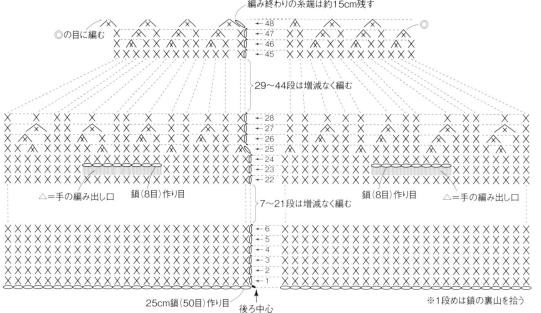

編み終わりの糸端は約15cm残す

◎の目に編む

←48
←47
←46
←45

29〜44段は増減なく編む

←28
←27
←26
←25
←24
←23
←22

△＝手の編み出し口　鎖(8目)作り目　　　　鎖(8目)作り目　△＝手の編み出し口

7〜21段は増減なく編む

←6
←5
←4
←3
←2
←1

25cm鎖(50目)作り目
後ろ中心

※1段めは鎖の裏山を拾う

[頭] クマ＝灰茶
ウサギ＝きなり

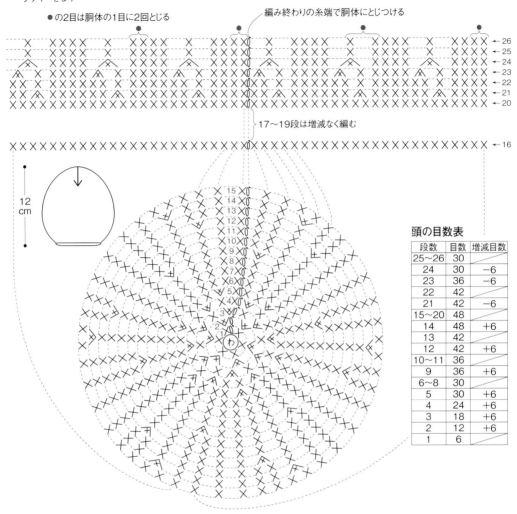

● の2目は胴体の1目に2回とじる

編み終わりの糸端で胴体にとじつける

17〜19段は増減なく編む

12cm

頭の目数表

段数	目数	増減目数
25〜26	30	
24	30	−6
23	36	−6
22	42	
21	42	−6
15〜20	48	
14	48	+6
13	42	
12	42	+6
10〜11	36	
9	36	+6
6〜8	30	
5	30	+6
4	24	+6
3	18	+6
2	12	+6
1	6	

[足] クマ＝灰茶　ウサギ＝きなり

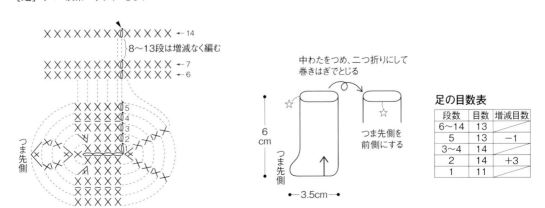

8〜13段は増減なく編む

つま先側

中わたをつめ、二つ折りにして
巻きはぎでとじる

つま先側を
前側にする

6cm

つま先側

←3.5cm→

足の目数表

段数	目数	増減目数
6〜14	13	
5	13	−1
3〜4	14	
2	14	+3
1	11	

[ウサギの耳] 2枚 ハマナカ ソノモノヘアリー 白

★=5～9段は増減なく編む

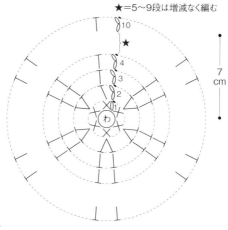

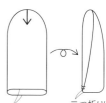

二つ折りにして
巻きはぎでとじる
←3.8cm→

二つ折りにして
1目縫いとめる

クマの耳の目数表

段数	目数	増し目数
5～6	24	
4	24	+6
3	18	+6
2	12	+6
1	6	

2.7cm

二つ折りにして
巻きはぎでとじる
←4.8cm→

ウサギの耳の目数表

段数	目数	増し目数
3～10	11	
2	11	+5
1	6	

[口]

クマ・ウサギ
=きなり

口の目数表

段数	目数	増し目数
4～5	18	
3	18	+6
2	12	+6
1	6	

[しっぽ] クマ=灰茶
ウサギ=きなり

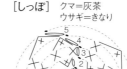

共糸をつめ
外側半目を
拾って絞る

しっぽの目数表

段数	目数	増減目数
5	4	−4
4	8	−4
3	12	
2	12	+6
1	6	

まとめ方

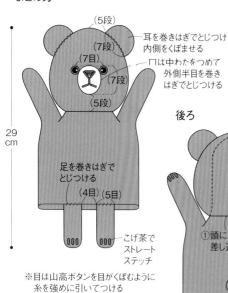

(5段)
(7段)
(7目)
(7段)
(5段)

耳を巻きはぎでとじつけ
内側をくぼませる

口は中わたをつめて
外側半目を巻き
はぎでとじつける

29cm

足を巻きはぎで
とじつける
(4目)(5目)

こげ茶で
ストレート
ステッチ

※目は山高ボタンを目がくぼむように
糸を強めに引いてつける

口の刺しゅう
ストレートステッチ
クマ=こげ茶
ウサギ=ピンクベージュ

1.8cm

1.4cm

後ろ

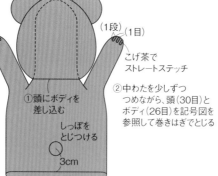

(1段)(1目)

こげ茶で
ストレートステッチ

①頭にボディを
差し込む

しっぽを
とじつける

3cm

②中わたを少しずつ
つめながら、頭(30目)と
ボディ(26目)を記号図を
参照して巻きはぎでとじる

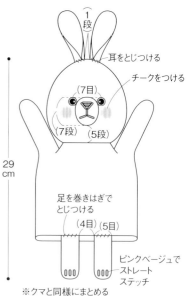

①
1段

耳をとじつける

チークをつける

(7目)

(7段)
(5段)

29cm

足を巻きはぎで
とじつける
(4目)(5目)

ピンクベージュで
ストレート
ステッチ

※クマと同様にまとめる

リス

材料

糸 ○ ハマナカ アメリー　灰茶 (40)…82g、きなり (20)…12g、
　　こげ茶 (9)…3 g、アプリコット (49)・黒 (24)…各少々
　　ハマナカ ソノモノ アルパカブークレ　茶 (153)…18g

針 ○ かぎ針 8/0号、10/0号

その他 ○ 山高ボタン 8 mm　1 組
　　　　 ハマナカ ネオクリーンわたわた　適宜

ゲージ ○ こま編み (胴体)　17.5目、20段

サイズ ○ 図参照

作り方

1. 各パーツを編む。頭は糸を編みくるむ編み込み (p.35参照) で編み、20段目ぐらいから中わたを詰めながら編み進み、編み終わりは最終段の頭の目を拾って絞る。しっぽは 2 本どりで10/0号かぎ針で編み、中わたをつめる。

2. 腹側と背中側を手つけ位置を除いて、灰茶で巻きはぎでとじ、手、足 (※手・足の編み図はp.72参照) をとじつける。頭と胴体を巻きはぎでとじる。

3. 顔をまとめ、チェーンステッチで縞模様の刺しゅうをする。しっぽ、どんぐりをとじつける。

[頭]　▨=灰茶　━━=きなり　8/0号針

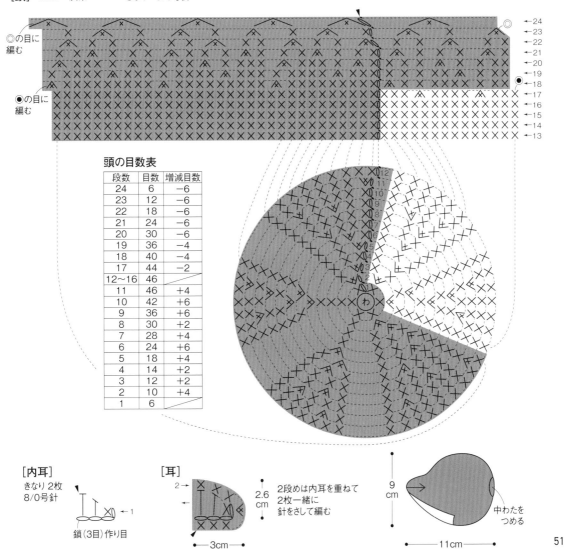

頭の目数表

段数	目数	増減目数
24	6	−6
23	12	−6
22	18	−6
21	24	−6
20	30	−6
19	36	−4
18	40	−4
17	44	−2
12〜16	46	
11	46	+4
10	42	+6
9	36	+6
8	30	+2
7	28	+4
6	24	+6
5	18	+4
4	14	+2
3	12	+2
2	10	+4
1	6	

◎の目に編む

●の目に編む

[内耳]
きなり 2枚
8/0号針

鎖 (3目) 作り目　←1

[耳]
2

2段めは内耳を重ねて
2枚一緒に
針をさして編む

2.6
cm

←3cm→

9
cm

←11cm→

中わたをつめる

51

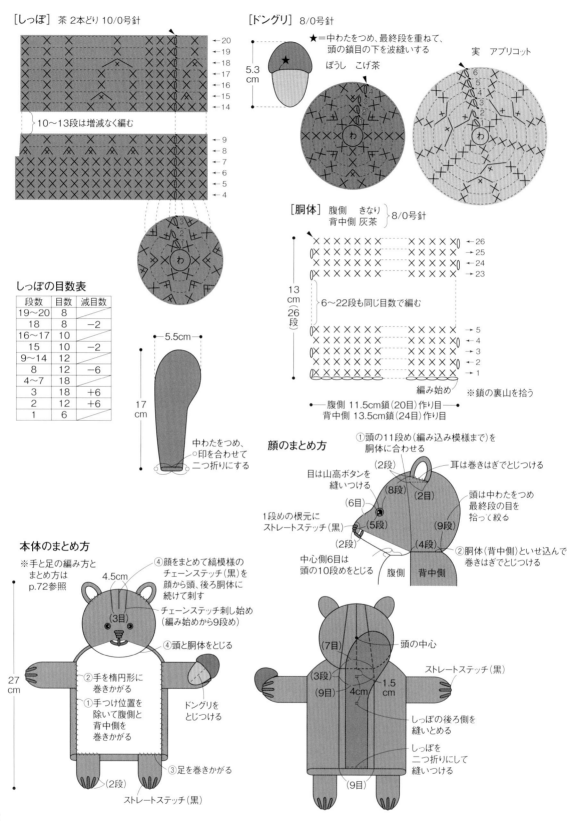

[しっぽ] 茶 2本どり 10/0号針

← 20
← 19
← 18
← 17
← 16
← 15
← 14

10～13段は増減なく編む

← 9
← 8
← 7
← 6
← 5
← 4

[ドングリ] 8/0号針

★=中わたをつめ、最終段を重ねて、頭の鎖目の下を波縫いする

5.3cm

ぼうし こげ茶

実 アプリコット

わ

[胴体] 腹側 きなり　8/0号針
　　　 背中側 灰茶

← 26
→ 25
← 24
→ 23

6～22段も同じ目数で編む

→ 5
← 4
→ 3
← 2
→ 1

13cm（26段）

編み始め

※鎖の裏山を拾う

● 腹側 11.5cm鎖（20目）作り目 ●
　背中側 13.5cm鎖（24目）作り目

しっぽの目数表

段数	目数	減目数
19～20	8	
18	8	−2
16～17	10	
15	10	−2
9～14	12	
8	12	−6
4～7	18	
3	18	+6
2	12	+6
1	6	

5.5cm

17cm

中わたをつめ、○印を合わせて二つ折りにする

顔のまとめ方

①頭の11段め（編み込み模様まで）を胴体に合わせる

耳は巻きはぎでとじつける

目は山高ボタンを縫いつける

（2段）

（8段）

（2段）

（6目）

頭は中わたをつめ最終段の目を拾って絞る

（9段）

1段めの根元にストレートステッチ（黒）

（5段）

（2段）

（4段）

②胴体（背中側）といせ込んで巻きはぎでとじつける

中心側6目は頭の10段めをとじる

腹側

背中側

本体のまとめ方

※手と足の編み方とまとめ方はp.72参照

④顔をまとめて縞模様のチェーンステッチ（黒）を顔から頭、後ろ胴体に続けて刺す

4.5cm

チェーンステッチ刺し始め（編み始めから9段め）

（3目）

④頭と胴体をとじる

②手を楕円形に巻きかがる

①手つけ位置を除いて腹側と背中側を巻きかがる

ドングリをとじつける

27cm

③足を巻きかがる

（2段）

ストレートステッチ（黒）

頭の中心

（7目）

（3段）

（9目）

ストレートステッチ（黒）

4cm

1.5cm

しっぽの後ろ側を縫いとめる

しっぽを二つ折りにして縫いつける

（9目）

52

→続きはp.72へ

ペンギン
ラッコ
オイスター

- - - - -
材料
糸 » [ペンギン]ハマナカ アメリー　グレー(30)…33ｇ、
　　黒(24)…15ｇ、きなり(20)…14ｇ、
　　うす茶(8)…2ｇ、からし色(31)…1ｇ
　　[ラッコ]ハマナカ アメリー　うす茶(8)…42ｇ、
　　ベージュ(21)…23ｇ、水色(10)…2ｇ
　　[オイスター]ハマナカ アメリー　ベージュ(21)…55ｇ、
　　ラベンダー(42)…7ｇ、黒(24)…1ｇ

針 » かぎ針6/0号

その他 » 山高ボタン5mm　各1組
　　　　 ハマナカ ネオクリーンわたわた　適宜

- - - - -
作り方
1．各パーツを編む。頭の中に頭部内側を入れて
　　ラッコとペンギンは頭と頭部内側の間に中わたを
　　入れて編み終わりをとじる。オイスターは中わたを
　　入れずにとじる。
2．胴体は前後を合わせて肩と脇を巻きはぎでとじ、
　　頭と手をとじつける。
3．顔にそれぞれパーツをつけて刺しゅうをし、
　　ラッコには貝、ペンギンには魚、オイスターの
　　背中には中わたを詰めた貝をとじつけて仕上げる。

［足］※ラッコは12段、
　　　　ペンギンは6段まで編む

★=8〜10段は
増減なく編む

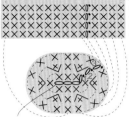

足の目数表

段数	目数	増減目数
3〜12	14	
2	14	+6
1	8	

ラッコ　　　　　ペンギン

うす茶　2枚　　黒　2枚

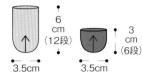

6cm
(12段)

3.5cm

3cm
(6段)

3.5cm

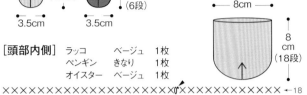

編み始め
鎖3目の作り目

［頭部内側］

ラッコ	ベージュ	1枚
ペンギン	きなり	1枚
オイスター	ベージュ	1枚

8cm

8cm
(18段)

★=8〜10段は
増減なく編む

頭部内側の目数表

段数	目数	増減目数
6〜18	32	
5	32	+6
4	26	+6
3	20	+6
2	14	+6
1	8	

編み始め
鎖3目の作り目

［胴体］

ラッコ	うす茶	2枚
ペンギン	グレー	2枚
オイスター	ベージュ	2枚

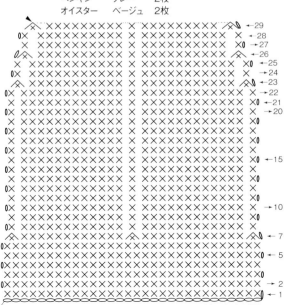

編み始め 鎖30目の作り目

※鎖の裏山を拾う

［手］

ラッコ	うす茶	2枚
ペンギン	グレー	2枚
オイスター	ベージュ	2枚

★=7〜12段は増減なく編む

手の目数表

段数	目数	増減目数
4〜14	18	
3	18	+6
2	12	+6
1	6	

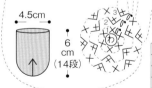

4.5cm

6cm
(14段)

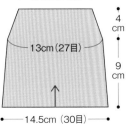

10cm (21目)

13cm(27目)

14.5cm (30目)

4cm

9cm

胴体の目数表

段数	目数	増減目数
29	21	−2
27〜28	23	
26	23	−2
24〜25	25	
23	25	−2
8〜22	27	
7	27	−3
1〜6	30	

ラッコ・ペンギン共通
[頭]　各1枚

	ラッコ	ペンギン
——	ベージュ	黒
——		きなり

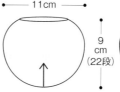

11cm
9cm（22段）

※ラッコは細編み（単色）、ペンギンは編み込み模様で編む

← 22
← 20
← 15

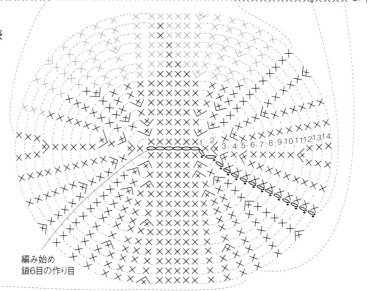

頭（ラッコ・ペンギン）の目数表

段数	目数	増減目数
22	32	-6
21	38	-6
20	44	-6
19	50	
18	50	-6
15〜17	56	
14	56	+6
12〜13	50	
11	50	+6
9〜10	44	
8	44	+6
6〜7	38	
5	38	+6
4	32	+6
3	26	+6
2	20	+6
1	14	

編み始め
鎖6目の作り目

[ラッコのしっぽ]　うす茶　2枚　　★＝増減なく編む

← 16
← 15
★ ← 10
← 9
← 8
← 7
← 6
← 5
← 4

3cm
7cm（16段）

ラッコのしっぽの目数表

段数	目数	増減目数
10〜16	12	
9	12	-3
8	15	
7	15	-3
4〜6	18	
3	18	+6
2	12	+6
1	6	

[ラッコのマズル]
ベージュ　1枚

直径
3cm

マズル（ラッコ）の目数表

段数	目数	増減目数
4	18	
3	18	+6
2	12	+6
1	6	

[ラッコの耳]
ベージュ　2枚

編み始め
鎖2目の作り目　← 1

縫いつけ側

[ペンギンのしっぽ]
グレー　1枚

5cm
2.5cm

ペンギンのしっぽの目数表

段数	目数	増減目数
5	22	+4
4	18	+4
3	14	+4
2	10	+4
1	6	

[ペンギンのくちばし]　からし　1枚

3cm
1.5cm

編み始め
鎖3目の作り目

ペンギンのくちばしの目数表

段数	目数	増減目数
3	14	
2	14	+6
1	8	

まとめ方　ラッコ・ペンギン共通

① 頭と頭部内側を重ね
間に中わたを詰めて1目ずつ巻きかがる
※オイスターのみ中わたなし

② 胴体の肩と脇を巻きはぎで
手と頭をとじつける

③ 顔に各パーツをつけ、
山高ボタンをとじつけて
顔を仕上げる

顔のまとめ方

頭

頭部内側

中わた

胴体に
巻きはぎでとじる

(2目)　(3目)
(16目)

ラッコ

耳は作り目側をとじつける

8.5cm
山高ボタン
4cm　(13段)
(1段)
(2段)

マズルに中わたを詰めて
巻きはぎでとじつけ
鼻と口を刺しゅうする

ストレートステッチ
黒　(2段)

[ラッコ]

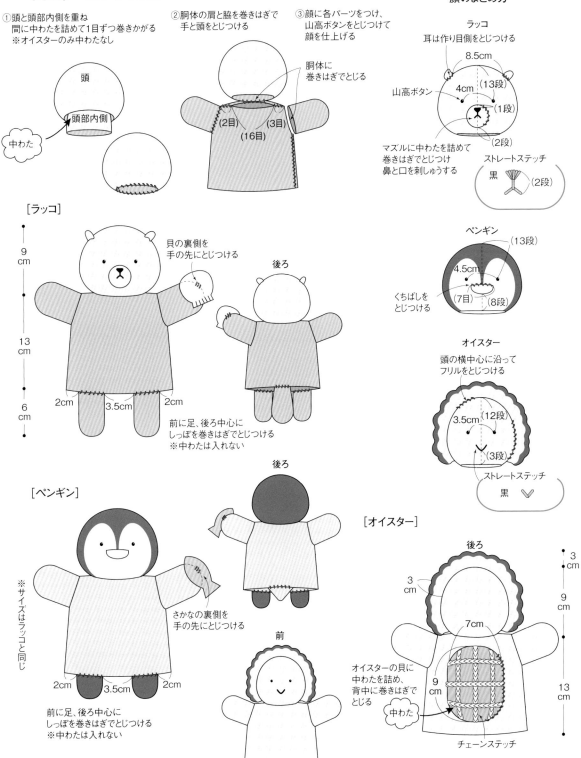

9cm
13cm
6cm

貝の裏側を
手の先にとじつける

後ろ

2cm　3.5cm　2cm

前に足、後ろ中心に
しっぽを巻きはぎでとじつける
※中わたは入れない

ペンギン

(13段)
4.5cm
(7目)　(8段)

くちばしを
とじつける

オイスター

頭の横中心に沿って
フリルをとじつける

3.5cm　(12段)
(3段)

ストレートステッチ
黒

[ペンギン]

※サイズはラッコと同じ

さかなの裏側を
手の先にとじつける

後ろ

前

2cm　3.5cm　2cm

前に足、後ろ中心に
しっぽを巻きはぎでとじつける
※中わたは入れない

[オイスター]

後ろ

3cm
3cm

7cm

9cm

オイスターの貝に
中わたを詰め、
背中に巻きはぎで
とじる

中わた

チェーンステッチ

3cm
9cm
13cm

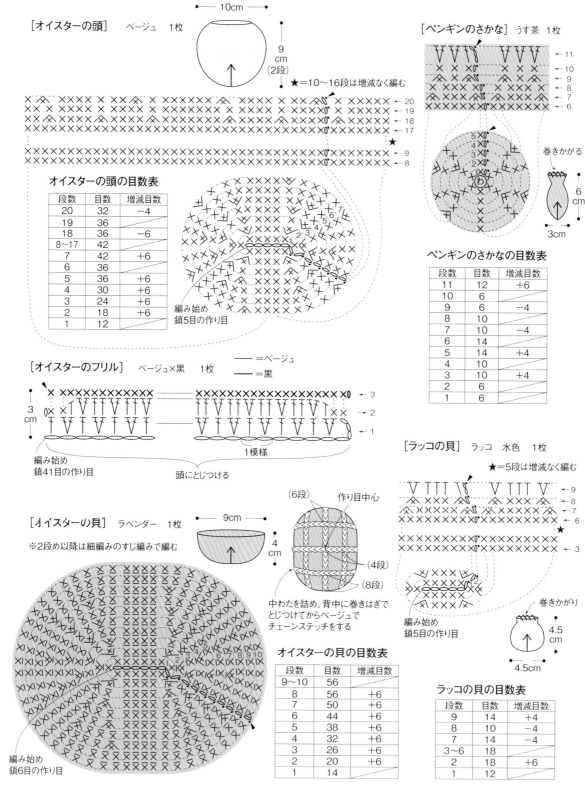

[オイスターの頭] ベージュ 1枚

10cm

9cm（2段）

★=10～16段は増減なく編む

← 20
← 19
← 18
← 17
★
← 9
← 8

[ペンギンのさかな] うす茶 1枚

← 11
← 10
← 9
← 8
← 7
← 6

巻きかがる

6cm

3cm

オイスターの頭の目数表

段数	目数	増減目数
20	32	−4
19	36	
18	36	−6
8～17	42	
7	42	+6
6	36	
5	36	+6
4	30	+6
3	24	+6
2	18	+6
1	12	

編み始め
鎖5目の作り目

ペンギンのさかなの目数表

段数	目数	増減目数
11	12	+6
10	6	
9	6	−4
8	10	
7	10	−4
6	14	
5	14	+4
4	10	
3	10	+4
2	6	
1	6	

[オイスターのフリル] ベージュ×黒 1枚

——=ベージュ
——=黒

3cm

← 3
← 2
← 1

編み始め
鎖41目の作り目

1模様

頭にとじつける

[ラッコの貝] ラッコ 水色 1枚

★=5段は増減なく編む

← 9
← 8
← 7
← 6
★
← 3

編み始め
鎖5目の作り目

巻きかがり

4.5cm

4.5cm

[オイスターの貝] ラベンダー 1枚

※2段め以降は細編みのすじ編みで編む

9cm

4cm

（6段）
作り目中心
（4段）
（8段）

中わたを詰め、背中に巻きはぎで
とじつけてからベージュで
チェーンステッチをする

編み始め
鎖6目の作り目

オイスターの貝の目数表

段数	目数	増減目数
9～10	56	
8	56	+6
7	50	+6
6	44	+6
5	38	+6
4	32	+6
3	26	+6
2	20	+6
1	14	

ラッコの貝の目数表

段数	目数	増減目数
9	14	+4
8	10	−4
7	14	−4
3～6	18	
2	18	+6
1	12	

ジンベエザメ

[口の中]　1枚　　── =水色

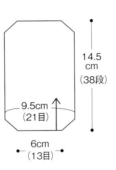

編み始め
鎖13目の作り目

★=8～33段は増減なく編む

→ 38
→ 37
→ 36
→ 35
→ 34
★
→ 7
→ 6
→ 5
→ 2
→ 1

- - - - -
材料

糸 。[ジンベエザメ]

　　糸:ハマナカ アメリー

　　青緑(37)…39g、白(51)…36g、水色(10)…11g

針 。かぎ針5/0号

その他 。山高ボタン(ブラック)6mm　1組

- - - - -
作り方

1．下あごは青緑を編みくるみながら輪で編む。

2．上あごは糸を編みくるむ編み込み(p.35参照)で編み進める。27段めで25目は上あごから続けて編み、26目は下あごから拾い目をして輪で尾まで編む。

3．上あごと下あごを指定位置でとじ合わせ(p.34参照)、尾の★印をとじつける。

4．口の中、胸ビレ、尾ビレをそれぞれ編み、とじつける。

5．目をつける。

14.5 cm
(38段)

9.5cm
(21目)

6cm
(13目)

口の中の目数表

段数	目数	増減目数
38	13	−2
37	15	−2
36	17	−2
35	19	−2
6～34	21	
5	21	+2
4	19	+2
3	17	+2
2	15	+2
1	13	

[胸ビレ]　2枚

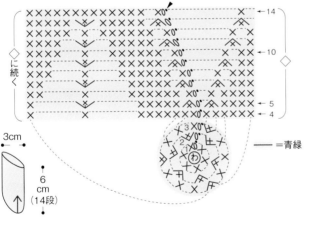

に続く

── =青緑

→ 14
→ 10
→ 5
→ 4

3cm

6 cm
(14段)

胸ビレの目数表

段数	目数	増減目数
5～14	15	
4	15	
3	15	+3
2	12	+6
1	6	

[尾ビレ]　2枚

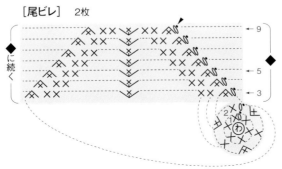

に続く

→ 9
→ 5
→ 3

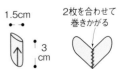

1.5cm

3 cm

2枚を合わせて
巻きかがる

尾ビレの目数表

段数	目数	増し目数
3～9	9	
2	9	+3
1	6	

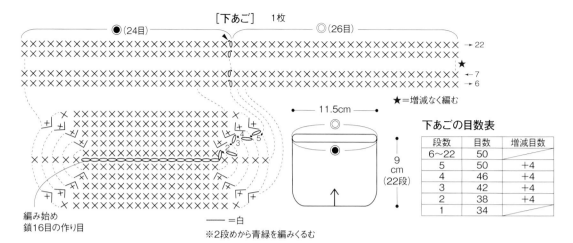

[下あご] 1枚

●(24目)　◎(26目)

→ 22

★

← 7
→ 6

★=増減なく編む

11.5cm

9cm
(22段)

下あごの目数表

段数	目数	増減目数
6〜22	50	
5	50	+4
4	46	+4
3	42	+4
2	38	+4
1	34	

編み始め
鎖16目の作り目

―=白

※2段めから青緑を編みくるむ

まとめ方
(p.34参照)

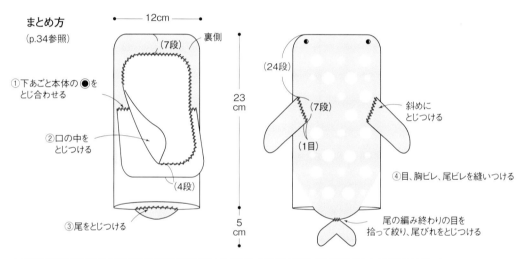

12cm

(7段)　裏側

①下あごと本体の●を
とじ合わせる

②口の中を
とじつける

(4段)

③尾をとじつける

23cm

5cm

(24段)

(7段)

(1目)

斜めに
とじつける

④目、胸ビレ、尾ビレを縫いつける

尾の編み終わりの目を
拾って絞り、尾びれをとじつける

---

p.62　恐竜の続き

まとめ方

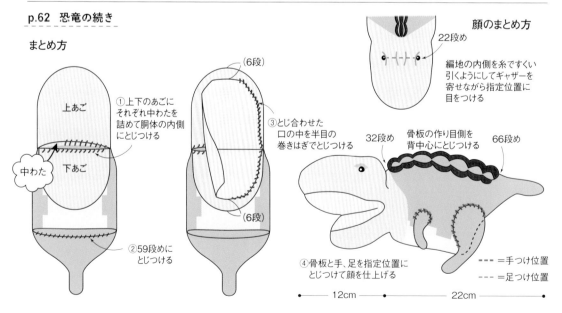

上あご

下あご

中わた

①上下のあごに
それぞれ中わたを
詰めて胴体の内側
にとじつける

②59段めに
とじつける

(6段)

③とじ合わせた
口の中を半目の
巻きはぎでとじつける

(6段)

顔のまとめ方

22段め

編地の内側を糸ですくい
引くようにしてギャザーを
寄せながら指定位置に
目をつける

32段め

骨板の作り目側を
背中心にとじつける

66段め

④骨板と手、足を指定位置に
とじつけて顔を仕上げる

- - - =手つけ位置
- - - =足つけ位置

12cm　22cm

[本体] 1枚

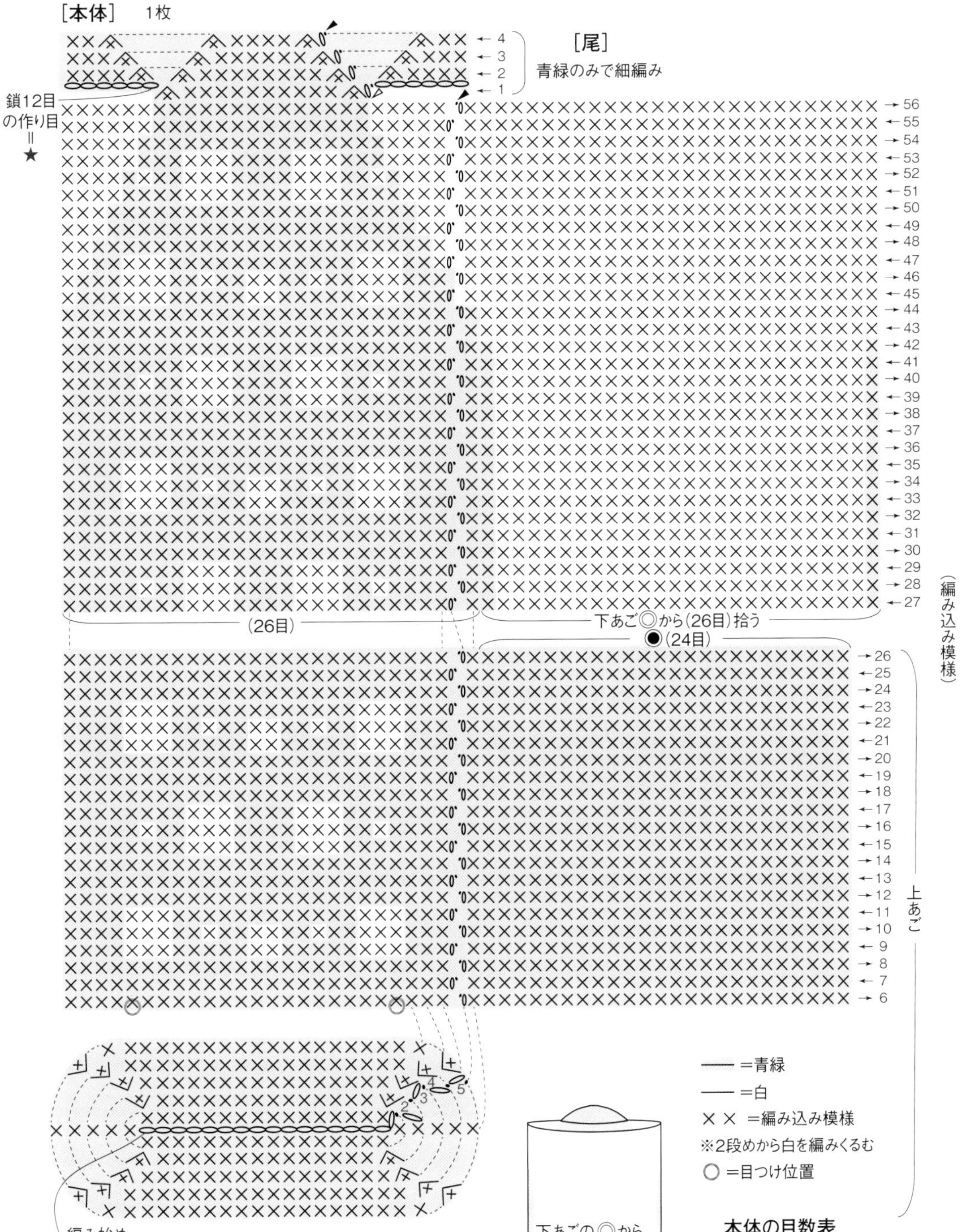

[尾]
青緑のみで細編み

鎖12目
の作り目
=
★

← 4
← 3
← 2
← 1

→ 56
← 55
→ 54
← 53
→ 52
← 51
→ 50
← 49
→ 48
← 47
→ 46
← 45
→ 44
← 43
→ 42
← 41
→ 40
← 39
→ 38
← 37
→ 36
← 35
→ 34
← 33
→ 32
← 31
→ 30
← 29
→ 28
→ 27

(編み込み模様)

(26目)

下あご◎から(26目)拾う
●(24目)

← 26
← 25
→ 24
← 23
→ 22
← 21
→ 20
← 19
→ 18
← 17
→ 16
← 15
→ 14
← 13
→ 12
← 11
→ 10
← 9
→ 8
← 7
→ 6

上あご

編み始め
鎖16目の作り目

——— =青緑
——— =白
× × =編み込み模様
※2段めから白を編みくるむ
◯ =目つけ位置

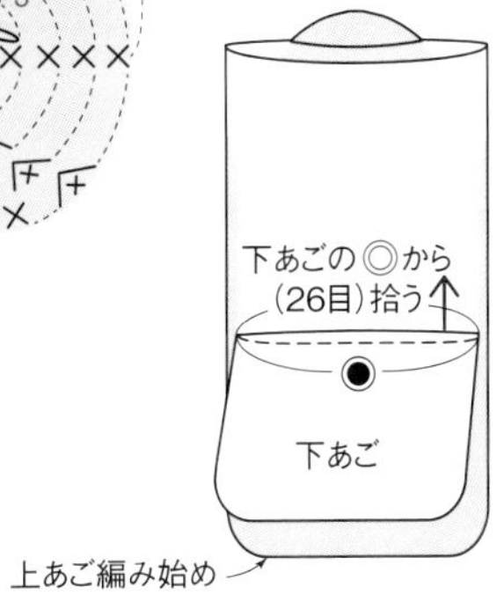

下あごの◎から
(26目)拾う↑

下あご

上あご編み始め

本体の目数表

段数	目数	増し目数
27～56	52	+2
6～26	50	
5	50	+4
4	46	+4
3	42	+4
2	38	+4
1	34	

恐竜

材料

糸 · ハマナカ アメリー
　　緑（12）…38 g、苔色（39）…37 g、
　　若草（54）…13 g、ピンクベージュ（28）…7 g、
　　ハマナカ itoa あみぐるみが編みたくなる糸
　　赤（306）…3 g

針 · かぎ針 5/0号

その他 · 山高ボタン（ブラック）8 mm　1組
　　　　ハマナカ ネオクリーンわたわた　適宜

作り方

1．下あごを編む。

2．上あごは31段編み進んだら24目休め、下あごから
　　24目拾って胴体を編み進む。

3．各パーツを編み、上あご、下あごはそれぞれ中わたを
　　入れて体の内側にとじつけ、口の中をとじつける。

4．手脚、骨板を指定位置につけ、顔はギャザーを
　　寄せるようにしながら目をつけて仕上げる。

[足] 2枚　──＝緑

編み終わりの糸端を約15cm残しておく

★＝6〜9段は増減なく編む

に続く

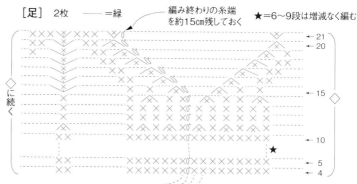

足の目数表

段数	目数	増減目数
21	13	+4
15〜20	9	
14	9	−3
12〜13	12	
11	12	−6
4〜10	18	
3	18	+6
2	12	+6
1	6	

編み終わりに残した糸で目の頭同士を巻きはぎでとじる

2.5cm

9cm

4cm

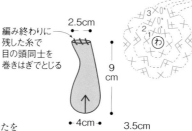

3.5cm（7目）

上あご用

9cm（24段）

10cm（24目）

3.5cm（7目）

下あご用

6cm（26段）

10cm（24目）

[口の中]

上あご用　1枚
下あご用　1枚

──＝ピンクベージュ

上あご用

下あご用

→ 24（16）

→ 20（12）

←15（7）
←13（5）

→ 2
→ 1

編み始め
鎖24目の作り目

★＝5（5）〜12段は増減なく編む

※（ ）内は下あご用の段数

口の中の目数表

段数		目数	減目数
上あご用	下あご用		
24	16	7	−3
23	15	10	−2
22	14	12	−2
21	13	14	−2
20	12	16	
19	11	16	−2
18	10	18	
17	9	18	−2
16	8	20	
15	7	20	−2
3〜14	3〜6	22	
2		22	−2
1		24	

[手] 2枚　──＝緑

に続く

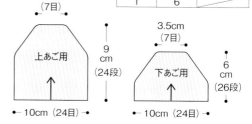

← 11
← 10

← 5

← 3

4　1　9　5

1cm

絞ってとじる

6.5cm

2cm

手の目数表

段数	目数	増減目数
6〜11	6	
5	6	−3
3〜4	9	
2	9	+3
1	6	

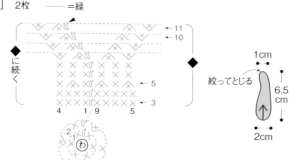

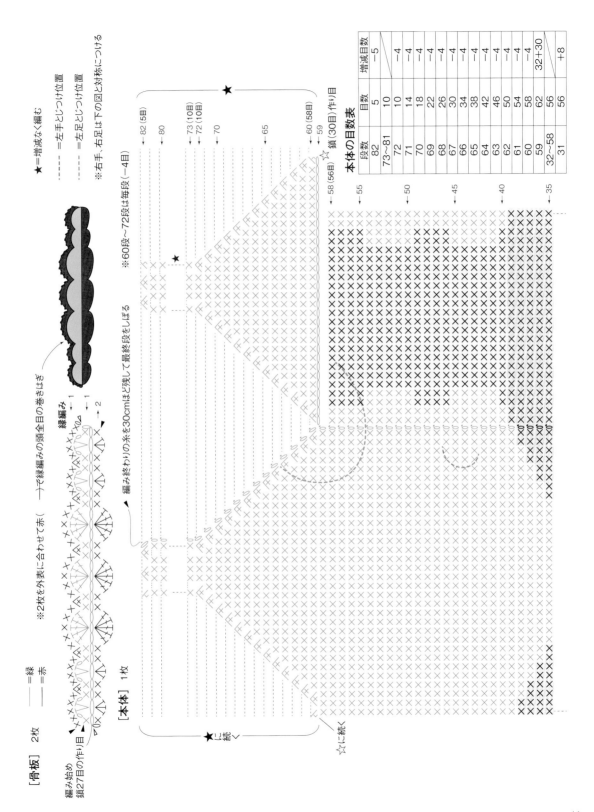

本体の目数表

段数	目数	増減目数
82	5	−5
73~81	10	
72	10	−4
71	14	−4
70	18	−4
69	22	−4
68	26	−4
67	30	−4
66	34	−4
65	38	−4
64	42	−4
63	46	−4
62	50	−4
61	54	−4
60	58	−4
59	62	32+30
32~58	62	
31	56	+8
鎖（30目）作り目	56	

★＝増減なく編む

------ ＝左手とじつけ位置

------ ＝右足とじつけ位置

※右手、右足は下の図と対称につける

[骨板] 2枚

──＝緑　　──＝赤

※2枚を外表に合わせて赤（　）で縁編みの頭全目の巻きはぎ

編み始め
鎖27目の(作り)目

縁編み

[本体] 1枚

※60段～72段は毎段（−4目）

▲編み終わりの糸を30cmほど残して最終段をしまる

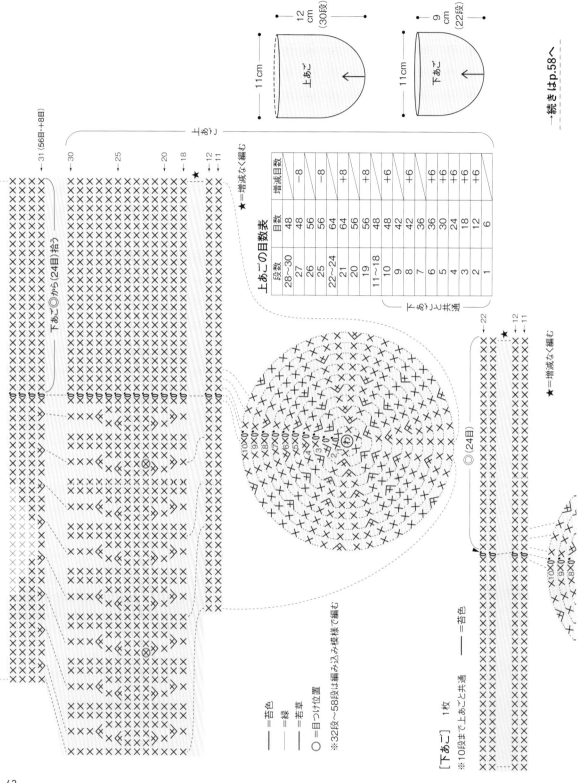

上あごの目数表

段数	目数	増減目数
28〜30	48	
27	48	−8
26	56	
25	56	−8
22〜24	64	
21	64	+8
20	56	+8
19	56	
11〜18	48	
10	48	+6
9	42	+6
8	42	
7	36	+6
6	36	
5	30	+6
4	24	+6
3	18	+6
2	12	+6
1	6	

下あごと共通

12cm（30段）
上あご
11cm

9cm（22段）
下あご
11cm

→続きはp.58へ

上あご
31（56目→+8目）
30
25
20
18
12
11
★
★＝増減なく編む

下あご○から（24目）拾う

⊗＝目つけ位置
※32段〜58段は編み込み模様で編む

×10×0°×
×9×0°×
×8×0°×
×7×0°×
×6×0°×
×5×0°×
×4×0°×
×3×0°×
×2×0°×
⊕

＝苔色
＝緑
＝若草

[下あご] 1枚
※10段まで上あごと共通

◎（24目）
22
12
11
★
★＝増減なく編む

×10×0°×
×9×0°×
×8×0°×

62

サボテン

材料

糸 = ハマナカ アメリー　黄緑系(13)…38g、アプリコット(49)…12g、
　　ピンク(7)…5g、コーラル(27)…4g
　　ハマナカ ソノモノ ヘアリー　白(121)…8g

針 = かぎ針 5/0号

作り方

ソノモノヘアリーは2本どり、アメリーは1本どりで使用する。

1. 鎖の作り目を輪にし、編み方向に注意して鉢を編む。
2. 本体は細編みと細編みの糸を編みくるむ編み込みを1段ごとに編む。
3. 15～24段めの枝つけ位置は糸を編みくるむ編み込みで編み、偶数段は全目配色糸を編み
   くるんで、前後それぞれ往復に編む。25段めからは前後を合わせて輪で往復に編み、
   最終段の目を絞る。
4. 枝は白を編みくるみながら編む。花を編み、それぞれ指定位置にとじつけて仕上げる。

[花]　オレンジ　3枚
　　　ピンク　　3枚

[枝]　2枚

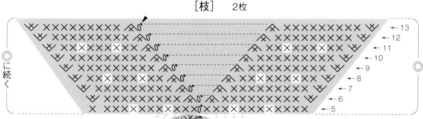

に続く

×　=白(2本どり)

×・×　=黄緑系

　=1段めは黄緑系のみで編む

　=2段めから白い糸を編みくるむ

枝の目数表

段数	目数	増減目数
5～13	24	
4	24	+6
3	18	+6
2	12	+6
1	6	

まとめ方

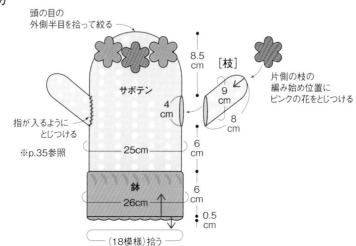

頭の目の
外側半目を拾って絞る

サボテン

8.5
cm

[枝]

片側の枝の
編み始め位置に
ピンクの花をとじつける

指が入るように
とじつける

※p.35参照

4
cm

9
cm

8
cm

25cm

6
cm

鉢

26cm

6
cm

0.5
cm

(18模様)拾う

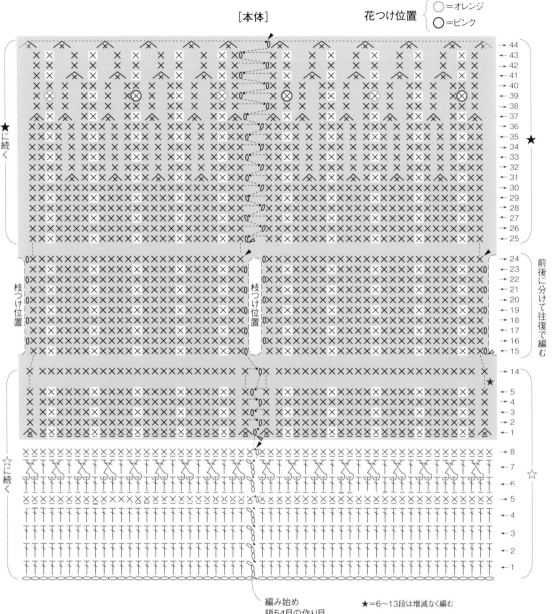

[本体]

花つけ位置 { ◯=オレンジ ◉=ピンク }

★に続く

★=6～13段は増減なく編む

| サボテン・枝 | { ☒ =白（2本どり） ☒ =黄緑系 } |
| 鉢 | ─ =アプリコット |

変わり長編みの表引き上げ編みの右上交差の編み方はp.35参照

▨ =全ての段で白い糸を編みくるむ（p.35参照）

☆に続く

編み始め
鎖54目の作り目

前後に分けて往復で編む

枝つけ位置

本体の目数表

	段数	目数	減目数
サボテン	44	11	−11
	42～43	22	
	41	22	−8
	38～40	30	
	37	30	−12
	32～36	42	
	31	42	−8
	25～30	50	
	15～24	25×2	
	2～14	50	
	1	50	−4
鉢	1～8	54	

［縁編み］

1模様

本体の1段め

ケーキ

- - - - -
材料

糸 » ハマナカ アメリー　白（51）…21g、
　　ピンク（7）…20g、黄色（25）…13g、
　　赤（5）…3g、黄緑系（13）…1g

針 » かぎ針 6/0号

その他 » ハマナカ ネオクリーンわたわた　適宜

ゲージ » こま編み 20目、20段
　　［模様編みA］3段が4cm、
　　［模様編みB］20目、17段
- - - - -

作り方

1. イチゴから編み始め、ヘタ（11段め）はイチゴの
　10段目の手前側半目を拾って編み、
　生クリームはイチゴの10段目に残っている
　向こう側半目から拾い目して編む。
　イチゴソース→スポンジ→レースペーパー→ケー
　キ本体の順に同じ要領で手前側半目、向こう側半
　目と編み分けて編み進め、親指用スリットを作っ
　て手首側まで編み進む。

2. 親指用スリット（p.36参照）から拾い目して親指を
　編み、編み終わりは頭の鎖目の下を縫い絞る。

［イチゴ］
1～10＝実　▨▨＝赤
11・12＝ヘタ　──＝黄緑系

※11段めは
手前側半目を拾う

向こう側半目を拾う

イチゴの目数表

	段数	目数	増減目
ヘタ	12	30	+18
	11	12	+9
	10	8	−8
	9	16	−8
	7～8	24	
実	6	24	+6
	5	18	+6
	4	12	+3
	3	9	+3
	1～2	6	

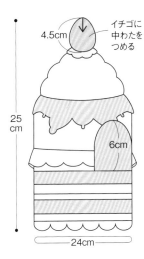

4.5cm　イチゴに
中わたを
つめる

25cm

6cm

24cm

編み方順序

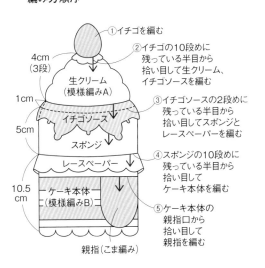

①イチゴを編む

4cm（3段）

生クリーム
（模様編みA）

1cm

イチゴソース

5cm

スポンジ

レースペーパー

10.5cm

ケーキ本体
（模様編みB）

親指（こま編み）

②イチゴの10段めに
残っている半目から
拾い目して生クリーム、
イチゴソースを編む

③イチゴソースの2段めに
残っている半目から
拾い目してスポンジと
レースペーパーを編む

④スポンジの10段めに
残っている半目から
拾い目して
ケーキ本体を編む

⑤ケーキ本体の
親指口から
拾い目して
親指を編む

［親指］　▨▨＝ピンク

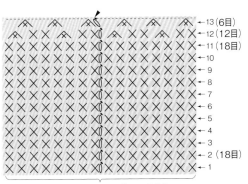

←13（6目）
←12（12目）
←11（18目）
←10
←9
←8
←7
←6
←5
←4
←3
←2（18目）
←1

親指口の1目から1目ずつ18目拾う

= 長編み5目の
パプコーン編み
(p.36参照)

● = 3目1模様

[生クリーム・イチゴソース] ── = 白 ── = ピンク

※イチゴソースの5段めの編み方はp.36参照

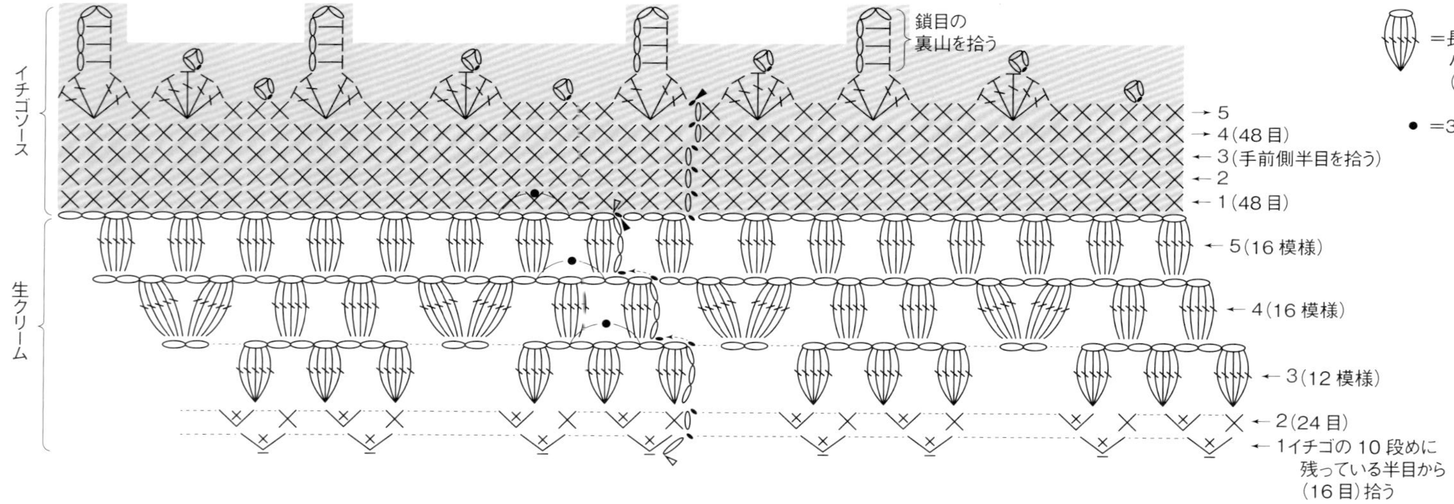

鎖目の
裏山を拾う

→ 5
→ 4(48目)
→ 3(手前側半目を拾う)
→ 2
→ 1(48目)

→ 5(16模様)
→ 4(16模様)
→ 3(12模様)
→ 2(24目)
→ 1イチゴの10段めに
残っている半目から
(16目)拾う

イチゴソース

生クリーム

♥ = 5目1模様

[スポンジ・レースペーパー] ── = 白 ── = 黄色

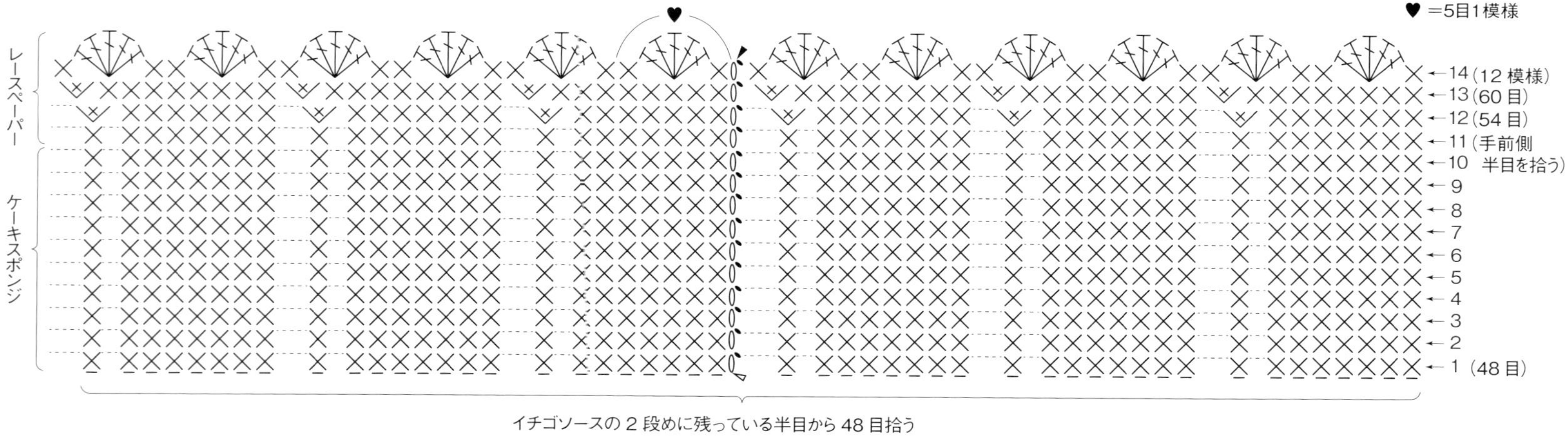

→14(12模様)
→13(60目)
→12(54目)
→11(手前側)
→10 半目を拾う
→9
→8
→7
→6
→5
→4
→3
→2
→1(48目)

イチゴソースの2段めに残っている半目から48目拾う

レースペーパー

ケーキスポンジ

p.69　クリームソーダの続き

[サクランボの実]　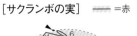　=赤

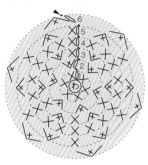

サクランボの目数表

段数	目数	増減目数
6	6	−6
5	12	−6
4	18	
3	18	+6
2	12	+6
1	6	

[茎]　　=茶色

サクランボの
まとめ方

鎖の裏山を拾う

茎を
とじつける

3cm

鎖(4目)作り目

中わたをつめ、
最終段の頭の
半目を拾って絞る

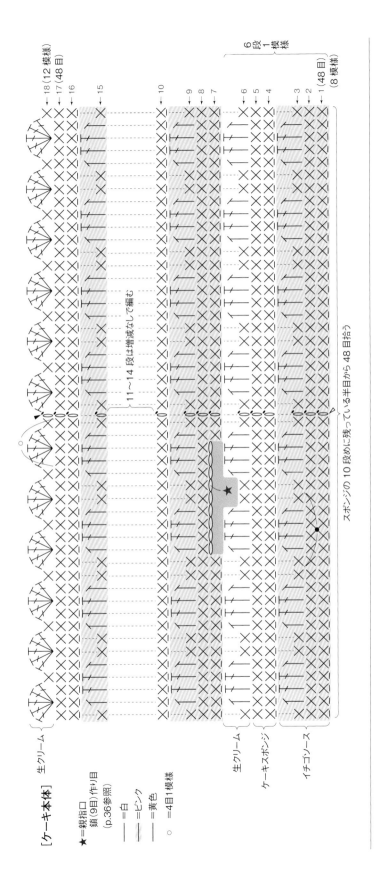

18(12模様)　17(48目)　16　15　10　9　8　7　6　5　4　3　2　1(48目)(8模様)

6段1模様

11～14段は増減なしで編む

スポンジの10段めに残っている半目から48目拾う

生クリーム

[ケーキ本体]　生クリーム

★=親指口　鎖(9目)作り目
　　(p.36参照)

— =白
— =ピンク
— =黄色
○ =4目1模様

生クリーム
ケーキスポンジ
イチゴソース

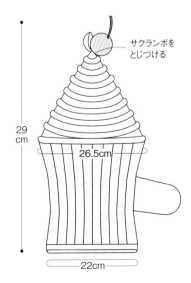

サクランボを
とじつける

29cm

26.5cm

22cm

クリームソーダ

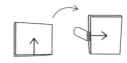

材料

糸 ○ ハマナカ わんぱくデニス
水色(47)…24g、白(1)…18g、
黄緑(53)…12g、赤(10)…2g、
こげ茶(13)…1g

針 ○ かぎ針6/0号

その他 ○ ハマナカ ネオクリーンわたわた
適宜

ゲージ ○ [模様編みA]手首側=19目、18段
[模様編みB]生クリーム=22.5目、
27段

作り方

1. グラス、サクランボ、茎を編む。
2. グラスの編み始めと、編み終わりを
親指用スリット(p.36参照)を残して巻き
はぎでとじる。親指を拾い目して編み、
編み終わりは最終段の頭の鎖目の下を
縫い絞る。
3. グラス底側に縁編みaを編む。グラスの
上側から拾い目して縁編みb、
クリーム、葉を続けて編む。
4. サクランボ・茎を編んでまとめ、生クリー
ムのトップにとじつける。

編み方順序

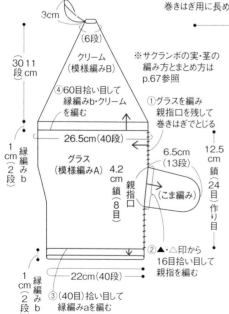

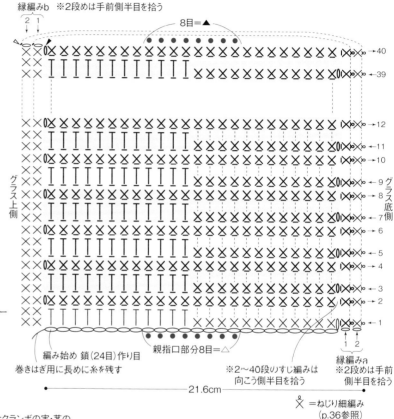

[グラス]　　　—=水色　　　—=黄緑

縁編みb ※2段めは手前側半目を拾う

8目=▲

←40
←39

←12
←11
←10
グラス上側 ←9 グラス底側
←8
←7
←6
←5
←4
←3
←2
←1

縁編みa
※2段めは手前
側半目を拾う

編み始め 鎖(24目)作り目
巻きはぎ用に長めに糸を残す

親指口部分8目=△

※2～40段のすじ編みは
向こう側半目を拾う

21.6cm

✕ =ねじり細編み
(p.36参照)

[親指]　　　—=水色

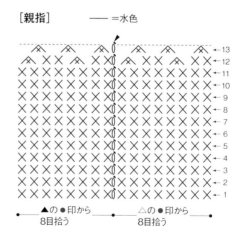

←13
←12
←11
←10
←9
←8
←7
←6
←5
←4
←3
←2
←1

▲の●印から
8目拾う

△の●印から
8目拾う

[生クリーム]　　——=白

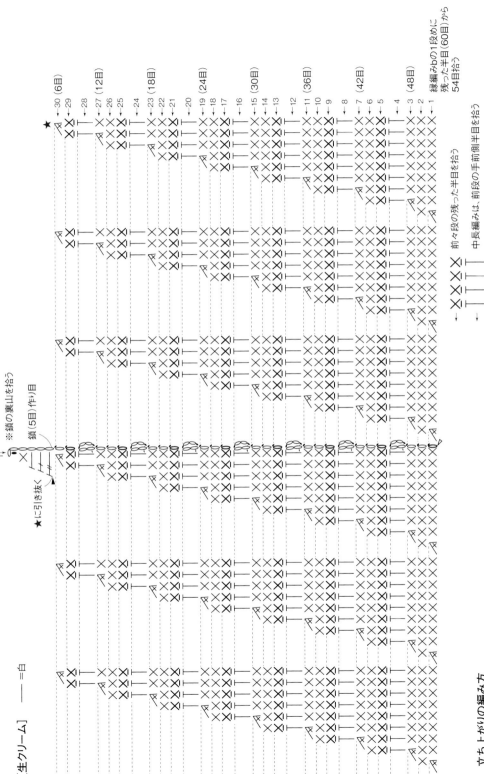

※鎖の裏山を拾う

鎖(5目)作り目

★に引き抜く

→30 (6目)
29
28
→27 (12目)
26
25
→24
→23 (18目)
22
21
→20
→19 (24目)
18
17
→16
→15 (30目)
14
13
→12
→11 (36目)
10
9
→8
→7 (42目)
6
5
→4
→3 (48目)
2
1

縁編みbの1段めに
残った半目(60目)から
54目拾う

前々段の残った半目を拾う

中長編みは、前段の手前側半目を拾う

→ ×××
↑↑↑

→ ×××××
↑↑↑↑

立ち上がりの編み方

①4段めを一周したら立ち上がりの鎖2目めに引き抜く
②鎖2目編んだら裏側に残った鎖1目めに引き抜く
③5段めを編み始める

→続きはp.67へ

肉球

A　B

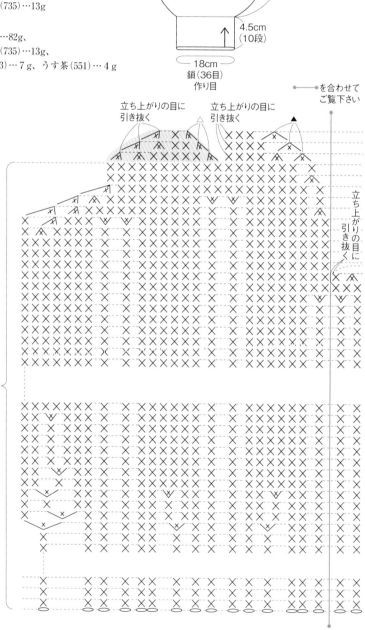

1.5cm
(3段)

(12目)　(16目)

1.5cm
(2段)　5.5cm(12段)

(12目)　(50目)

13.5
cm
28
段

32cm(64目)

(こま編み)

18cm
鎖(36目)
作り目

4.5cm
(10段)

材料

糸 » [A]
　ハマナカ ソノモノ アルパカウール　グレーミックス(48)…82g、
　ハマナカ エクシードウールFL合太　ピンク(735)…13g
　[B]
　ハマナカ ソノモノ アルパカウール　白(41)…82g、
　ハマナカ エクシードウールFL合太　ピンク(735)…13g、
　ハマナカ ソノモノ アルパカウール　茶色(43)…7g、うす茶(551)…4g

針 » かぎ針7/0号

その他 » ハマナカ ネオクリーンわたわた　適宜

ゲージ: こま編み 20目、21段

作り方　A・B共通

1. 本体は手首側で鎖編みで作り目し、
　1段目は上半目と裏山を拾って編む。
　指先まで目を増減しながら編み進み、
　指の編み終わりは巻きはぎとじる。

2. Aは肉球を編み、本体の手のひら側に
　とじつける。
　Bは肉球と模様のモチーフを編み、
　手のひら側には肉球を、甲側には模様の
　モチーフを半目の巻きはぎでとじつける。

本体の目数表

段数	目数	増減目数
50	38	
49	38	−2
48	40	−4
47	44	
46	44	−6
45	50	+2
44	48	−2
40〜43	50	
39	50	−12
38	62	+2
37	60	−2
34〜36	62	
33	62	−2
22〜32	64	
21	64	+4
17〜20	60	
16	60	+4
15	56	
14	56	+8
13	48	
12	48	+4
11	44	+8
1〜10	36	

●──→を合わせて
ご覧下さい

立ち上がりの目に
引き抜く

立ち上がりの目に
引き抜く

立ち上がりの目に引き抜く

編み始めに引き抜く

編み始めに引き抜く

(18目)

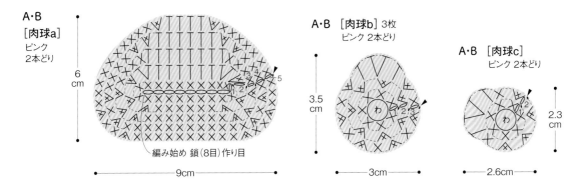

A·B
[肉球a]
ピンク
2本どり

6cm

編み始め 鎖(8目)作り目

9cm

A·B [肉球b] 3枚
ピンク 2本どり

3.5cm

3cm

A·B [肉球c]
ピンク 2本どり

2.3cm

2.6cm

を
合わせて
ご覧下さい

A·B [本体]
A＝グレーミックス B＝白

薬指・中指・人差し指

▲に続ける   △に続ける

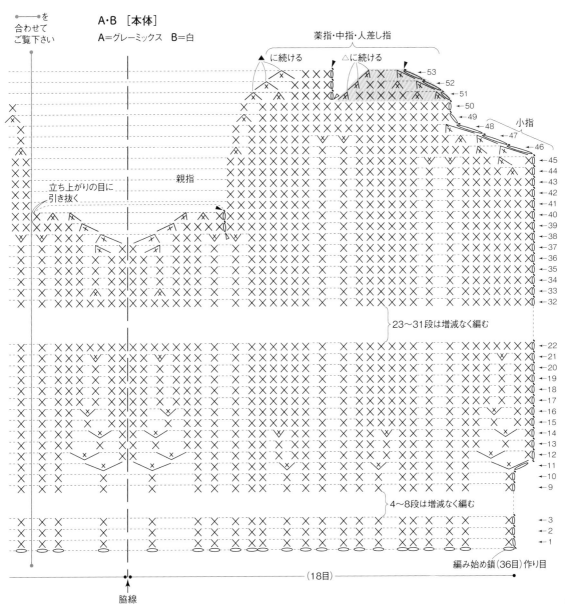

立ち上がりの目に
引き抜く

親指

小指

53
52
51
50
49
48
47
46
←45
←44
←43
←42
←41
←40
←39
←38
←37
←36
←35
←34
←33
←32

23〜31段は増減なく編む

←22
←21
←20
←19
←18
←17
←16
←15
←14
←13
←12
←11
←10
←9

4〜8段は増減なく編む

←3
←2
←1

編み始め鎖(36目)作り目

(18目)

脇線

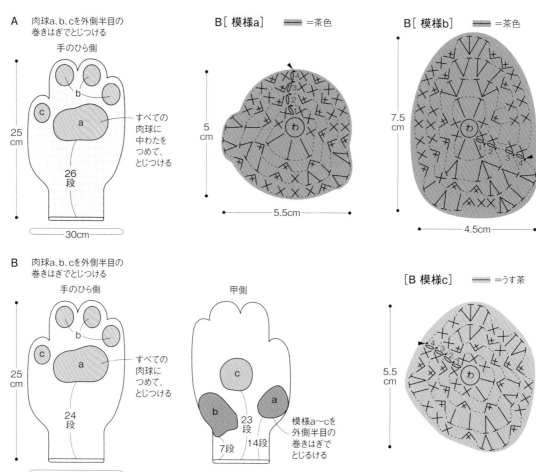

A　肉球a、b、cを外側半目の巻きはぎでとじつける

手のひら側

すべての肉球に中わたをつめて、とじつける

25cm

26段

30cm

B［模様a］　===茶色

5cm

5.5cm

B［模様b］　===茶色

7.5cm

4.5cm

B　肉球a、b、cを外側半目の巻きはぎでとじつける

手のひら側

すべての肉球につめて、とじつける

25cm

24段

30cm

甲側

模様a～cを外側半目の巻きはぎでとじるける

7段

23段　14段

［B 模様c］　===うす茶

5.5cm

リス（p.51）からの続き

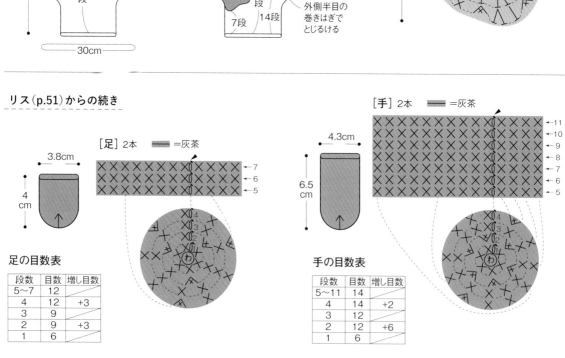

[足] 2本　===灰茶

3.8cm

4cm

→7
→6
→5

足の目数表

段数	目数	増し目数
5～7	12	
4	12	+3
3	9	
2	9	+3
1	6	

[手] 2本　===灰茶

4.3cm

6.5cm

→11
→10
→9
→8
→7
→6
→5

手の目数表

段数	目数	増し目数
5～11	14	
4	14	+2
3	12	
2	12	+6
1	6	

フィンガーパペット
ウサギ＆クマ＆ネコ

材料

糸 - ［クマ］
ハマナカ アメリー エフ《合太》
朱赤(507)…10g、
ターコイズ(515)…1g、ベージュ(529)…1g

［ネコ］
ハマナカ アメリー エフ《合太》
ブルー(513)…10g、
パープル(511)…1g、
ベージュ(529)…1g

［ウサギ］
ハマナカ アメリー エフ《合太》
サーモンピンク(504)…10g、
ネイビー(514)…1g、
ベージュ(529)…1g

針 - かぎ針5/0号

その他 - ハマナカ ネオクリーン
わたわた　適宜

作り方

1. 本体は鎖の作り目を輪にして
5段編み、右手、左手、頭の順に
編み分ける。編み終わりは
外側半目を拾って絞る。

2. 耳、マズルを編み、
編み終わりの糸を約30cm
残しておく。

3. 頭に中わたを詰めて首を
ランニングステッチでとじ、
各パーツを残しておいた糸で
指定位置にとじつけ、顔に
刺しゅうをして仕上げる。

［本体］　クマ　1枚
　　　　　ネコ　1枚
　　　　　ウサギ　1枚

※本体を輪で5段編み、続けて手と頭を編みだす
※手の14〜18段は編み込み模様で編む

	クマ	ネコ	ウサギ
——	朱赤	ブルー	サーモンピンク
—	ターコイズ	パープル	ネイビー

頭の目数表

段数	目数	増減目数
13	5	−5
12	10	−10
11	20	
10	20	−10
9	30	
8	30	−10
7	40	+10
5〜6	30	
4	30	+10
2〜3	20	
1	20	+6

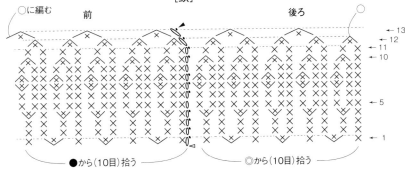

[頭]

○に編む　前　　　後ろ

●から(10目)拾う　　◎から(10目)拾う

[左手]　○に編む　　　[右手]　★=3〜9段は増減なく編む

[本体]

前　　　後ろ

編み始め 鎖50目の作り目
※鎖の裏山を拾う

本体・右手・左手の目数表

	段数	目数	増減目数
右手・左手(共通)	21	5	−5
	20	10	−5
	19	15	
	18	15	−3
	17	18	
	16	18	−2
	15	20	+2
	1〜14	18	
本体	1〜5	50	

73

まとめ方

クマ・ネコ・ウサギ 共通　[本体]　頭の目の
外側半目を拾って絞る

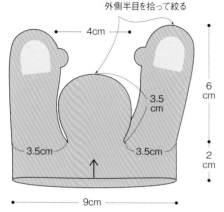

- 4cm
- 3.5cm
- 3.5cm
- 3.5cm
- 6cm
- 2cm
- 9cm

[クマ]

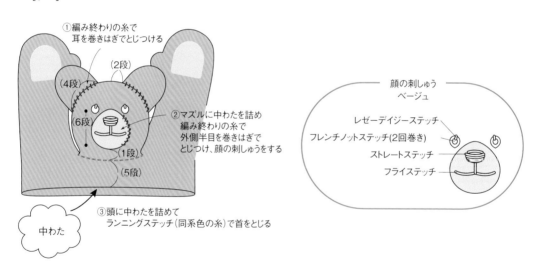

①編み終わりの糸で
耳を巻きはぎでとじつける

(2段)
(4段)
(6段)
(1段)
(5段)

②マズルに中わたを詰め
編み終わりの糸で
外側半目を巻きはぎで
とじつけ、顔の刺しゅうをする

中わた

③頭に中わたを詰めて
ランニングステッチ(同系色の糸)で首をとじる

顔の刺しゅう
ベージュ

レゼーデイジーステッチ
フレンチノットステッチ(2回巻き)
ストレートステッチ
フライステッチ

[クマの耳]

クマ　朱赤　2枚

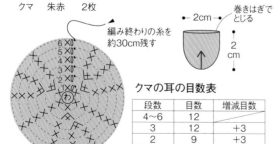

編み終わりの糸を
約30cm残す

巻きはぎで
とじる

- 2cm
- 2cm

クマの耳の目数表

段数	目数	増減目数
4〜6	12	
3	12	+3
2	9	+3
1	6	

[クマのマズル]

クマ　ターコイズ　1枚

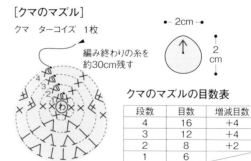

編み終わりの糸を
約30cm残す

- 2cm
- 2cm

クマのマズルの目数表

段数	目数	増減目数
4	16	+4
3	12	+4
2	8	+2
1	6	

[ネコ]
※まとめ方の手順はクマと同様

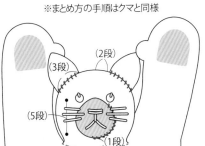

顔の刺しゅう
ベージュ
レゼーデイジーステッチ
フレンチノットステッチ(2回巻き)
ストレートステッチ
フライステッチ

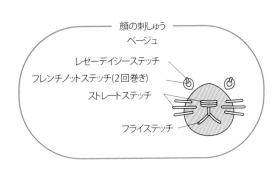

[ネコの耳]
ネコ　ブルー　2枚

編み終わりの糸を
約30cm残す

← 2cm →
巻きはぎで
とじる
2cm

ネコの耳の目数表

段数	目数	増減目数
6	12	
5	12	＋2
4	10	
3	10	＋5
1〜2	5	

[ネコのマズル]
ネコ　パープル　1枚

編み終わりの糸を
約30cm残す

← 2cm →
2cm

ネコのマズルの目数表

段数	目数	増減目数
4	16	＋4
3	12	＋4
2	8	＋2
1	6	

[ウサギ]　※まとめ方の手順はクマと同様

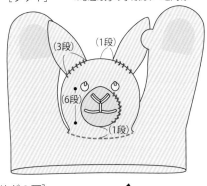

顔の刺しゅう
ベージュ
レゼーデイジーステッチ
フレンチノットステッチ(2回巻き)
ストレートステッチ
フライステッチ

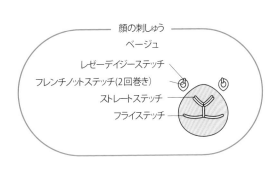

[ウサギの耳]
ウサギ　サーモンピンク 2枚

編み終わりの糸を
約30cm残す

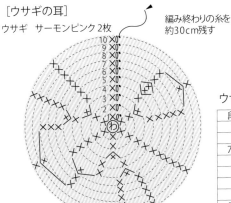

1.5cm
巻きはぎで
とじる
3cm

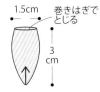

ウサギの耳の目数表

段数	目数	増減目数
10	8	
9	8	−2
7〜8	10	
6	10	−2
5	12	＋3
4	9	
3	9	＋3
1〜2	6	

[ウサギのマズル]
ウサギ　ネイビー　1枚

編み終わりの糸を
約30cm残す

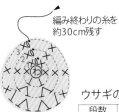

1.5cm
2cm

ウサギのマズルの目数表

段数	目数	増減目数
3	12	＋4
2	8	＋2
1	6	

かぎ針編みの記号

鎖編み

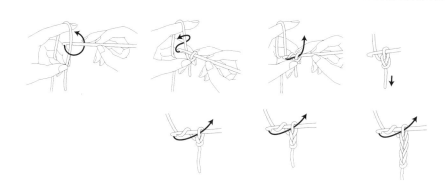

引き抜き編み

細編み

※立ち上がりの鎖1目は目数に数えない。

すじ編み

前段の奥半目に針を入れ、以降は細編みと同じ。

中長編み

※立ち上がりの鎖2目は1目に数える。

長編み

※立ち上がりの3目は1目に数える。

細編み2目編み入れる

同じ目にこま編み2目を編み入れる。

細編み3目編み入れる

※長編み3目編み入れる場合も
同様に1目に3目編み入れる。

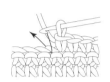 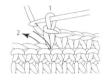 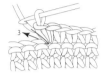 

同じ目に細編み3目を編み入れる。

長編み2目編み入れる

同じ目に長編み2目を編み入れる。

細編み2目一度

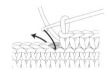  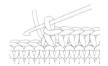

矢印の位置に未完成の細編みを2目編み、糸をかけ一度に引き抜く。

長編み2目一度

矢印の位置に未完成の長編みを2目編み、糸をかけ一度に引き抜く。

長編みの表引き上げ編み

前段の目の足を表側からすくい、長編みを編む。

長編みの裏引き上げ編み

前段の目の裏側から針を入れ、長編みを編む。

長編み2目の玉編み

 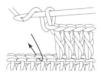 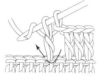

同じ目に未完成の長編み2目を編み、
3ループを一度に引き抜く。

長編み3目の玉編み

同じ目に長編みを3目編み入れ、一度に引き抜く。

長編み5目のパプコーン編み

ピコット

 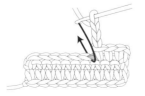 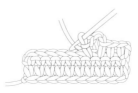

引き抜き編みのピコット

 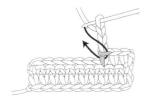  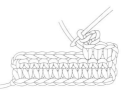

巻きはぎ

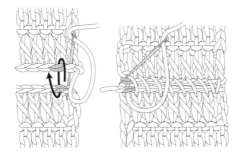

巻きかがり

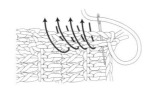 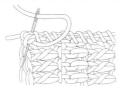

ステッチ　ストレートステッチ（S）　　　　フライステッチ（フライS）

チェーンステッチ

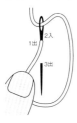  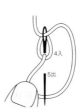

フレンチノットステッチ

2に刺してから
左手の糸を引くと
ノットが1に近づく

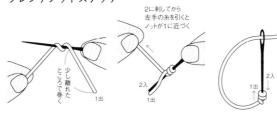

作品デザイン・制作

池上 舞

おのゆうこ(ucono)

楚坂有希

藤田智子

blanco

m a c a r o n i

pommex

Riri

Staff

ブックデザイン	土屋裕子(株式会社ウエイド)
撮 影	鏑木希実子
	天野憲仁(日本文芸社)
スタイリング	鈴木亜希子
ヘアメイク	山田ナオミ
モデル	Carson.P
作り方解説	奥住玲子　佐々木初枝　外川加代
トレース	奥住玲子　小池百合穂　谷川啓子
プロセス解説	奥住玲子
校 正	佐々木初枝

素材提供

ハマナカ株式会社
京都府京都市右京区花園薮ノ下町2番地の3
TEL 075-463-5151(代表)
http://hamanaka.co.jp

撮影協力

BOUTIQUE JEANNE VALET
〒152-0034
東京都渋谷区代官山町13- 6
TEL 03-3464-7612

piika
〒166-0002
東京都高円寺北2-39-16 フラワーハイツ中田1F
www.piika39.com

かぎ針で編む　パペットあみぐるみ

2024年7月20日　第1刷発行

編 者	日本文芸社
発行者	竹村 響
印刷所	TOPPANクロレ 株式会社
製本所	TOPPANクロレ 株式会社
発行所	株式会社 日本文芸社
	〒100-0003　東京都千代田区一ツ橋1-1-1 パレスサイドビル8F

乱丁・落丁本などの不良品、内容に関するお問い合わせは、
小社ウェブサイトお問い合わせフォームまでお願いいたします。
URL https://www.nihonbungeisha.co.jp/

Printed in Japan　112240710-112240710 Ⓝ 01 (201124)
ISBN978-4-537-22223-4
ⒸNIHONBUNGEISHA 2024
編集担当 和田